희망은 어디서 오는가

Jürgen Moltmann
희망은 어디서 오는가
〈희망〉에 관한 몰트만의 글모음

위르겐 몰트만 지음 이신건 옮김

한들출판사

책을 펴내면서

여러 번 한국에 다녀가셨기 때문에 다시는 못 오실 것이라고 생각했던 몰트만 박사님이 노구를 이끄시고 다시 한국 땅을 밟으신다고 한다. 영산신학연구소가 주최하는 세미나의 강사로 오신다는 것이다. 4년 전에도 역시 이 연구소의 초청을 받아 한국에 다녀가신 적이 있었다. 이번에는 몰트만 박사님처럼 역시 세계적인 명성을 떨치시는 조용기 목사님의 은퇴를 앞두고, 두 분의 신학을 비교하는 가운데서 순복음 신학의 발전을 도모하기 위한 취지로 이 세미나가 열린다고 한다. 이전의 주제가 '성령'이었다면, 이번의 주제는 '희망'이다.

이전의 세미나에서 나는 청중석에 우두커니 앉아 있어야 했지만, 이번에는 논평자의 임무를 띠게 되었다. 풋내기 목회자로서 조용기 목사님의 설교를 논하는 일도 그렇거니와, 부족한 제자로서 위대한 스승님의 사상을 논하는 일도 그리 쉬운 일은 아니다. 하지만 나도 이제는 불혹(不惑)의 나이를 넘겼으니, 할 말은 해야 하지 않겠는가!

하지만 논평과 논의에 참여하려고 마음을 먹다 보니, 많은 사람들이 몰트만 박사님이 주장하시는 '희망'을 얼마나 잘 알고 있는지 갑자기 궁금해졌다. 세계적으로 유명한 그분의 저서 《희망의 신학》이 한국에서 벌써 20쇄를 돌파했지만, 이 책은 아름다운 제목만큼 이해하기 그리 쉬운 책이 아니다. 비록 내가 좀 더 쉽게 다시 번역했지만, 신학생들과 일반 성도들에게 권장하기에는 여전히 부담스러운 책이 아닐 수 없다. 그리고 그 분의 사상을 제대로 파악해 본답시고, 그 분의 책들을 모두 사서 읽기에는 우리의 살림살이도 그리 넉넉하지 않은 셈이다.

이런저런 이유로 몰트만 박사님의 저서들 가운데서 '희망'이라는 주제와 직접 관련된 글들을 골라 한데 묶어 보았다. 그분이 말하시는 '희망'이라는 주제는 우연하게도 내가 번역한 네 권의 책들 가운데 가장 뚜렷한 주제로 드러난다. 이번 세미나에 참여하는 분들만이 아니라 '희망'에 관해 더 깊이 생각하기를 원하시는 분들에게도 부족한 이 책이 유익한 재료가 되기를 바란다.

경제적 불황에도 아랑곳하지 않고 양서만을 계속 출판하시는 한들출판사의 정덕주 목사님과 직원들에게 진심으로 감사를 드린다. 작은 이 책이 부족한 역자를 제자로 삼아 친절하게 지도해 주신 스승님의 마지막 고국 방문을 기념하는 선물이 되기를 바라며, 아울러 삶의 지표를 잃고 방황하시는 분들에게 큰 희망을 줄 수 있기를 진심으로 희망한다!

2004년 5월 15일
현풍제일교회 서재에서
이신건

차 례

책을 펴내면서

첫째 마당
신앙의 희망 — 11

둘째 마당
절망의 죄 — 17

셋째 마당
희망은 현재의 행복을 보지 못하도록 인간을 속이는가? — 25

넷째 마당
종말론적 희망의 전통 — 39

다섯째 마당
하나님 나라의 기대 지평 안에 있는 그리스도교 — 61

여섯째 마당
예수와 하나님의 나라 — 70

일곱째 마당
그리스도의 부활: 세계를 위한 희망 — 102

여덟째 마당
보라, 내가 만물을 새롭게 하노라 — 125

아홉째 마당
산 희망으로 거듭남 — 153

열번 째 마당
희망에 관한 묵상 — 170

열 한번째 마당
희망이 있는 곳에 종교가 있다 — 180

첫째 마당

신앙의 희망

고통과 죽음의 경험적 현실과 모순되는 약속의 말씀 속에서 신앙은 희망 위에 우뚝 서게 되며, "이 세상을 넘어가려고 서두른다"고 깔뱅은 말한 적이 있다. 여기서 그가 말하려고 한 것은 그리스도교적 신앙이 세상을 도피하지 않고 미래를 열망한다는 사실이다. 믿는다는 것은 실로 한계선을 넘어간다는 것, 그것을 초월한다는 것, 탈출한다는 것을 의미한다. 그렇다고 해서, 당장 억압적 현실이 무너지거나 전복되는 것은 아니다. 죽음은 엄연한 죽음이고, 부패는 역겨운 냄새를 풍긴다. 죄악은 여전히 죄악으로 남아 있으며, 신앙인에게도 여전히 고난은 간단한 해결책이 없는 아우성이다. 신앙은 이 현실을 뛰어넘어 하늘 나라나 유토피아를 바라보지 않는다. 신앙은 하나의 다른 현실을 꿈꾸지 않는다. 오직 고통과 죄악, 죽음으로 둘러싸여 있는 생명의 한계선이 실제로 무너질 때, 신앙은 그것들을 넘어갈 수 있다.

오직 하나님에게 버림받아 고통을 당하고 죽은 현실과 무덤으로부터 부활한 그리스도를 뒤따를 때, 신앙은 더 이상 억압이 없는 열린 마당, 자유와 기쁨을 바라볼 수 있다. 인간의 모든 희망을 무너뜨리는 한계선이 십자가에 달린 자의 부활 속에서 깨어질 때, 신앙은 희망을 향해 열려질 수 있고 또 당연히 열려지게 된다. 신앙은 담대한 확신(παρρησια)이 되고, 인내(μακροθυμία)가 된다. 신앙의 희망은 "가능한 것을 향한 열정"(Kierkegaard)이 된다. 왜냐하면 그것은 이미 가능하게 된 것을 향한 열정일 수가 있기 때문이다. 중세기의 속담이 말하듯이, 바로 그 희망 안에서 위대함을 향한 영혼의 팽창(*extentio animi ad magna*)이 일어난다. 그리스도 사건 안에서 신앙은 열린 자유의 이 미래가 돌입하는 것을 깨닫는다. 이 희망 때문에 불붙기 시작한 희망은 꽉 막힌 현실을 넘어오는 열린 지평을 인식한다.

신앙은 인간을 그리스도에게 매어준다. 희망은 이 신앙으로 하여금 그리스도의 위대한 미래를 향해 자신을 열게 한다. 그러므로 희망은 신앙의 '떨어질 수 없는 동반자'이다. "만약 이 희망이 없다면, 비록 우리가 신앙에 관해 제 아무리 재치 있고 점잖은 말을 한다고 하더라도, 전혀 신앙을 갖고 있지 않다고 단언해도 좋을 것이다! 희망이란 신앙의 확신에 따라서 하나님이 참으로 약속하신 것들을 기대하는 행위와 조금도 다르지 않다.

그래서 신앙은 하나님이 참되시다는 것을 확신한다. 그리고 희망은 때가 되면 하나님이 자신의 진리를 드러내실 것을 기대한다. 신앙은 그 분이 우리의 아버지가 되심을 확신한다.

희망은 그 분이 우리에게 항상 자신을 아버지로 증명하실 것임을 기대한다. 신앙은 우리에게 영생이 주어졌음을 확신한다. 희망은 영생이 언젠가 드러날 것을 기대한다. 신앙은 희망을 세우는 기초이고, 희망은 신앙을 키우고 지원한다. 만약 먼저 하나님의 약속을 믿지 않는다면, 그 누구도 하나님으로부터 그 무엇을 기대할 수 없을 것이다. 그와 마찬가지로 만약 우리의 연약한 신앙이 지쳐서 넘어지지 않으려면, 참는 가운데서 바라고 기다리는 가운데서 신앙이 용기와 격려를 받아야 한다.

> 희망은 언제나 신앙을 새롭게 하고 활기차게 하며, 항상 거듭 더 힘있게 일어서게 함으로써 신앙이 끝까지 견디도록 도와준다(Calvin, *Ins-titutio* III, 2, 42).

이와 같이 그리스도인의 생활에서 신앙은 먼저 오지만(*Prius*), 희망은 우월하다(*Primat*). 만약 신앙을 통한 그리스도 인식이 없다면, 희망은 허공에 떠 있는 유토피아적 희망이 되고 만다. 하지만 만약 희망이 없다면, 신앙은 무너지게 되고 작은 신앙이 되며, 결국에는 죽은 신앙이 되고 만다. 신앙을 통해 인간은 참된 생활의 발자취를 따르게 된다. 하지만 오직 희망만이 그로 하여금 이 발자취 위에 머무르게 한다. 이와 같이 그리스도에 대한 신앙은 희망을 확신으로 만든다. 그리고 희망은 그리스도에 대한 신앙을 넓혀주며, 신앙을 생활 속으로 이끌어들인다. 신앙한다는 것은 미리 취한 희망 가운데서 십자가에 달린 자의 부활로 말미암아 무너진 그 한계선을 넘어간다는 것을 뜻한다. 만약 이 점을 고려한다면, 이 신앙은 세상 도피와 체념, 책임 회피와는 아무런 상관이 없다. 이 희망 가운데서 영혼은 탄식의 골짜기를 벗어나서 상상 속의 행복한 하늘 나라로 날아가지 않으며, 이 땅과 결별하지도 않는다. 왜냐하면 루드비히 포이어바하(Ludwig Feuerbach)가 말했다시피, 희망은 "우리의 무덤 너머에 있는 하늘의 피안 대신에 우리의 무덤 너머에 있는 이 땅의 피안, 즉 역사적 미래, 인류의 미래를" 지시하기 때문이다" (*Das Wesen der Religion*, 1848).

그리스도의 부활 안에서 희망이 인식하는 것은 하늘의 영원이 아니라 그의 십자가가 서 있는 이 땅의 미래이다. 그리스도 안에서 희망은 그가 죽기까지 사랑한 바로 그 인류의 미래를 인식한다. 그러므로 인류에게 십자가는 이 땅의 희망이다. 그러므로 이 희망은 몸으로 순종하기 위해 투쟁한다. 왜냐하면 희망은 몸의 부활을 기다리기 때문이다. 그러므로 이 희망은 파괴된 땅과 고통을 당하는 인간들을 온유하게 받아들인다. 왜냐하면 인류에게 땅의 나라가 약속되어 있기 때문이다. 오, 십자가는 유일한 희망이어라!(*Ave crux-unica spes!*)

거꾸로 말한다면, 이것은 이처럼 희망하는 자는 이 땅의 율법과 강요뿐만 아니라 죽음의 불가피성과 계속적으로 악을 생산하는 악과 도저히 화해할 수 없다는 것을 의미한다. 희망하는 자에게 그리스도의 부활은 시련을 당하고 죽어야 하는 생명에게 주어진 위로일 뿐만 아니라, 고통과 죽음, 억압과 굴종, 악의 사악함에 맞서는 하나님의 저항이기도 하다. 희망하는 자에게 그리스도는 단지 고난 가운데서 누리는 위안일 뿐만 아니라 고난에 맞서는 하나님의 약속의 저항이기도 하다. 바울이 죽음을 "마지막 원수"라고 일컬었다면(고전 15:26), 거꾸로 부활한 그리스도와 부활의 희망은 죽음의 원수요, 죽음과 함께 사는 세상의 원수라고 선언되어야 마땅하다. 신앙은 바로 이러한 갈등 안으로 들어가며, 그래서 그 스스로 죽음의 세상에 맞서는 저항이 된다. 그러므로 신앙이 언제나 희망으로 전개되는 곳이라면, 그곳에서 신앙은 평안하게 만들기보다는 불안하게 만들며, 참을 수 있게 만들기보다는 참을 수 없게 만든다. 신앙은 불안한 마음(*cor inquietum*)을 진정시키기보다는 인간 속에서 스스로 불안한 마음이 된다.

그리스도를 바라보는 자는 더 이상 주어진 현실을 참아내지 못하며, 그 현실 때문에 고통을 당하고 그것에 저항하기 시작한다. 하나님과의 평화는 세상과의 불화를 의미한다. 왜냐하면 약속된 미래의 가시가 성취되지 못한 현재의 살 속으로 가차없이 파고들기 때문이다. 만약 우리가 보이는 것만을 바라본다면, 유쾌하든 불쾌하든 지금 존재하고 있는 현실에 만족하게 될 것이다. 하지만 꺼질 수 없는 희망 때문에 우리는 우리와 현실 사이에 행복한 조화가 전혀 없다는 사실에 만족할 수 없다. 희망은 인간으로 하여금 하나님의 모든 약속이 위대하게 성취될 그 날까지 만족할 수 없게 한다. 희망은 인간을 나그네의 상태(*statu viatoris*) 속에 두며, 그로 하여금 세계를 향해 열려 있게 한다.

이 세계는 그리스도의 부활 안에서 하나님의 약속으로 말미암아 열려져 있기 때문에, 세계 개방성은 바로 이 하나님의 성취를 통하지 않고서는 달리 극복될 수 없다. 이 희망으로 말미암아 교회는 스스로 "영원한 도시"로 굳어지려는 인간 사회 안에서 끝없이 불안하게 된다. 이 희망으로 말미암아 교회는 장차 올 약속된 미래의 빛 안에서 공의와 자유, 인간성을 실현하도록 새로운 자극을 주는 원천이 된다. 이 교회는 자신 속에 있는 "소망에 관한 이유를 묻는 자에게 대답할 책임"(벧전 3:15)을 지고 있다. 이 교회는 "죽은 사람들이 부활할 것이라는 소망 때문에"(행 23:6) 심문을 받는다. 이런 일이 일어날 때마다 교회는 항상 자신의 진리를 대변하며, 그리스도의 미래의 증인이 된다.

《희망의 신학》, 위르겐 몰트만, 이신건 옮김, (대한기독교서회, 2002), pp. 26-29.

둘째 마당

절망의 죄

신앙이 이처럼 자신의 생존을 위해 희망에 의존해 있다고 한다면, 불신앙의 죄는 분명히 절망의 등에 올라타고 있다. 물론 일반적으로 죄의 기원은 인간이 하나님과 같이 되려고 한 사실에 있다고 말한다. 하지만 이것은 죄의 한 측면일 따름이다. 하나님과 같이 되려고 한 그런 교만의 다른 측면은 절망, 체념, 게으름과 비탄이다. 바로 이로부터 모든 생명체들을 달콤한 부패의 씨앗으로 가득 채우는 비애와 좌절이 생겨난다. 요한계시록 21장에서 영원한 죽음을 초래하는 죄인들의 목록을 보면, "두려워하는 자들"은 믿지 않는 자들과 우상 숭배자들과 살인자들과 다른 여러 사람들보다 먼저 언급된다. 히브리서에서 산 소망을 저버리는 행위는 고난 가운데서 약속에 순종하지 않은 일, 유랑하는 하나님의 백성에서 떨어져 나가는 일로서 소망하는 자들의 앞길을 가로막는 죄가 된다. 그러므로 유혹은 거인처럼 하나님과 같이 되려고 하는 것에 있기보다는 오히려 하나님이 기대하시는 존재가 되지 않으려고 하는 약함, 소심, 낙담에 있다.

하나님은 인간을 드높이시며, 그에게 열려 있는 광활한 세계를 바라볼 수 있는 전망을 주셨건만, 인간은 뒷걸음 치며 낙심한다. 하나님은 만물이 공의와 평화 속에서 다시 창조될 것을 약속하셨건만, 인간은 마치 모든 것이 옛날 모습 그대로 머물러 있는 것처럼 행동한다. 하나님은 인간을 자신의 약속에 합당한 존귀한 존재로 여기셨건만, 인간은 자신에게 주어지는 기대를 신뢰하지 않는다. 바로 이것이야말로 신앙인을 가장 위협하는 죄이다. 인간을 죄인으로 만드는 것은 그가 행하는 악이 아니라 그가 행하지 않는 선이며, 그의 악행이 아니라 그의 태만이다. 바로 이런 것들이 희망의 상실이라는 죄목으로 그를 고소한다. 왜냐하면 이른바 이런 불이행의 죄는 모두 절망과 작은 믿음 안에 뿌리를 내리고 있기 때문이다. "우리를 멸망에 빠뜨리는 것은 죄라기보다는 차라리 절망이다"라고 요한 크리소스톰(Johannes Chrisostomos)이 말한 적이 있다. 그래서 중세기에는 죽음으로 인도하는, 성령을 거스르는 죄의 하나로서 무기력(*acedia*)이나 비탄(*tristitia*)이 언급되었던 것이다.

요셉 피퍼(Joseph Pieper)는 "희망에 관해"라는 그의 논문(1949)에서 이 절망이 어떻게 두 가지 형태를 취할 수 있는지를 매우 잘 지적하였다. 절망은 오만(*praesumpio*)일 수 있고,

절망(*desperatio*)일 수도 있다. 두 가지는 희망에 저항하는 죄이다. 오만은 하나님이 기대하시는 것의 성취(成就)를 성급하게, 자기 멋대로 미리 취하는 것이다. 절망은 하나님이 기대하시는 것의 비성취(非成就)를 성급하게, 자기 멋대로 미리 취하는 것이다. 미리 취한 희망이나 포기해 버린 희망을 통해 일어나는 절망의 두 가지 방식은 희망의 점진성(漸進性)을 폐기해 버린다. 양자는 약속의 하나님을 신뢰하는 희망의 인내를 거역한다. 양자는 성급하게 '지금 벌써' 성취를 바라거나 희망을 '도무지 품지 않으려고' 한다. 절망이든 오만이든, 그 속에서는 참으로 인간적인 것이 굳어 버리고 얼어 버린다. 오직 희망만이 밀려오는 자유 속에서 참으로 인간적인 것을 보존할 수 있다. 이처럼 절망도 희망을 전제하고 있다.

> 우리가 전혀 갈망하지 않는 것은 우리가 희망할 수 없으며, 그 때문에 절망할 수도 없다(Augustine).

희망이 존재하지만 그것을 성취할 길이 전혀 열려 있지 않기 때문에 절망의 고통이 일어난다. 그래서 분노한 희망은 몸을 돌려, 희망하는 자를 삼켜 버린다. 퐁타네(Fontane)는 그의 한 소설에서 "산다는 것은 희망을 무덤 속에 묻는 것이다"라고 말한 적이 있다. 그 소설에서 그가 묘사한 것은 '죽은 희망'이다. 신앙과 확신은 죽은 희망 가운데서 실종되어 버린다. 그러므로 절망은 영혼을 환멸로부터 보호하고 싶어한다.

희망과 기다림은 많은 사람들을 바보로 만든다. 그러므로 사람들은 현실의 기반 위에 머물러 있기를 원하며, 분명하게 생각하고, 더 이상 바라지 않으려고 한다(A. Camus).

하지만 이러한 이른바 사실적 현실주의와 함께 사람들은 유토피아 중에서도 가장 나쁜 유토피아에 빠지고 만다. 뮤질(R. Musil)은 이를 일컬어 현상 유지(Status quo)의 유토피아라고 말한 적이 있다. 희망에 대한 절망은 언제나 좌절의 얼굴만을 보이는 것은 아니다. 그것은 또한 감각과 전망, 미래와 목표가 없는, 창백하고 침묵하는 얼굴을 보일 수도 있다. 그것은 웃음을 지으면서 체념하는 얼굴을 보일 수 있다. 반갑구나, 슬픔아! (*bonjour tristesse!*)

그렇게 되면, 가능성을 샅샅이 뒤져보았지만 그 속에서 희망의 실마리가 될 만한 것을 전혀 찾지 못한 자들의 야릇한 미소만이 남게 된다. 삶의 권태(*taedium vitae*), 겨우 꾸려나가는 생활만이 남게 된다. 비(非)-종말론적이고 부르주아적인 교회가 만든, 그래서 더 이상 그리스도교적인 세계라고 할 수 없는 부패한 사회에서는 무기력(*acedia*)과 권태(*tristesse*)만큼, 그리고 빛이 바랜 희망을 가지고 계몽하거나 교묘히 장난하는 것만큼 보편적으로 볼 수 있는 행동 양식은 거의 없다. 하지만 희망이 새롭고 신기한 가능성의 원천이 되지 못할 때, 사람들이 가진 가능성들을 가지고 놀이하는 무의미하고 풍자적인 유희는 결국 지루함으로 끝나거나, 부조리를 폭로하는 것으로 그치고 만다.

19세기 초엽의 독일 관념주의(*Idealismus*)의 여러 곳에서 우리는 오만의 형태를 발견한다. 괴테, 쉴러, 랑케, 칼 맑스와 다른 여러 사람들에게서 프로메테우스(Prometheus)는 현대의 성자가 되었다. 신으로부터 불을 훔친 프로메테우스는 순종하는 하나님의 종의 모습과 대결하였다. 그리스도조차도 프로메테우스의 모습으로 변형될 수 있었다. 사람들이 저 하나님의 종의 하나님으로부터 기대하였지만 성취하지 못했던 바로 그 자유와 인권의 나라를 건설하려고 계획했던 철학적, 혁명적 천년왕국설(*Chiliasmus*)도 여러 면에서 프로메테우스와 결합되었다.

20세기 중반의 실존주의 문학에서 우리는 좌절의 다른 모습을 발견한다. 그래서 거룩한 프로메테우스는 시지프스(Sisyphus)의 모습으로 변형되었다. 시지프스는 자신이 가야 할 길, 투쟁과 결단, 노동의 인내를 알았지만 성취할 가망은 전혀 없었다. 여기서 순종하는 하나님의 종은 정직하게 실패하는 자의 모습으로 변형된다. 더 이상 희망도 없고, 하나님도 없다. 오로지 "분명하게 생각하고 바라지 않는 것", 예수에게서 볼 수 있는 정직한 사랑과 이웃 사랑만이 남을 따름이다. 마치 희망이 없어도 분명하게 생각할 수 있는 것처럼! 마치 사랑하는 자에게 희망을 걸지 않아도 사랑할 수 있는 것처럼! 삶을 변혁하는 힘은 오만이나 절망에 있는 것이 아니라 다만 끝까지 견디는 확고한 희망에 있을 따름이다. 오만과 절망은 이 희망을 먹고 살며, 희망 덕분에 흥청거리며 산다. "하지만 예상 밖의 일을 기대하지 않는 자는 이를 발견하지 못할 것이다"라고 헤라클레토스(Heraklit)의 한 격언은 말한다.

> 매일마다 입는 제복은 인내요, 훈장은 마음 위에 떠 있는 희망이라는 가련한 별이다(I. Bachmann).

오직 희망만이 '현실적인' 것이라고 말할 수 있다. 왜냐하면 오직 희망만이 모든 현실을 관통하는 가능성들을 진지하게 여기기 때문이다. 희망은 사물을 지금 존재하고 있는 모습 그대로 받아들이지 않고, 오히려 그것이 진행하고 움직이는 모습대로, 그리고 가능성 속에서 변화될 수 있는 모습으로 받아들인다. 오직 세계와 세계 안에 있는 인간이 완결되지 않은 단편과 실험의 상태 속에 있는 한, 이 땅의 희망은 의미를 가진다. 희망은 움직이는 역사적 현실의 가능성을 선취해 나가며, 자신의 몸을 던져서 역사적 과정을 결정해 나간다. 그러므로 미래의 희망과 그 선취는 침울한 삶을 비추는 희미한 불빛이 아니라, 모든 것을 움직이고 변혁하는 참된 가능성의 지평을 현실적으로 파악하는 것이다. 그러므로 희망과 그에 상응하는 사고는 유토피아적인 것이라는 비난을 받아들일 수 없다. 왜냐하면 희망은 '존재하지 않는 곳'을 바라보는 것이 아니라, '아직은 존재하지 않지만' 언젠가는 존재할 수 있을 곳을 바라보기 때문이다.

그에 반해 발가벗은 사실, 완결된 현실과 법칙을 신봉하는 현실주의, 그 가능성에 절망하면서 눈앞의 현실에만 집착하는 행위야말로 유토피아적인 것이라는 비난을 받아야 한다. 왜냐하면 그곳에는 가능한 것, 미래적이고 새로운 것, 현실의 역사성을 위한 '여지가 전혀 없기' 때문이다. 모든 것이 아직은 끝장난 것이 아니라 여전히 가능성으로 가득 차 있는 한, 끝장났다고 생각하는 절망은 환상적인 것으로 드러난다. 이와 마찬가지로 실증주의적 현실주의(*Positivistischer Realismus*)도 역시 환상적인 것으로 드러난다. 왜냐하면 세계는 사실들의 고정체(*Fixtum*)가 아니라 과정들의 그물이기 때문이요, 세계가 법칙을 향해 움직일 뿐만 아니라 이 법칙도 역시 스스로 움직이고 있기 때문이며, 법칙의 필연성도 불변적인 것이 아니라 가변적인 것이기 때문이다.

그리스도교적 종말론의 희망의 명제들도, 만약 그것이 살아 있는 신앙을 보존하고 지상적, 육체적, 사회적 현실 위에서 사랑의 순종을 실천하게 하려면, 굳어진 현실주의적 유토피아에 대항해야 한다. 세계는 가능한 모든 것들, 즉 희망의 하나님의 온갖 가능성들로 충만하다. 그리스도교적 종말론은 현실과 인간이 종말로부터 역사 안으로 말씀하시는 분의 손에 있음을 본다. "보라, 내가 만물을 새롭게 하노라." 들려오는 이 약속의 말씀에서 이 땅의 생활을 갱신하고 이 세계의 모습을 변혁할 수 있는 자유를 얻는다.

《희망의 신학》, 위르겐 몰트만, 이신건 옮김, (기독교서회, 2002), pp. 29-33.

셋째 마당

희망은 현재의 행복을 보지 못하도록 인간을 속이는가?

희망의 신학에 대한 가장 격렬한 저항은 오만이나 절망에서 나오지 않는다. 왜냐하면 인간 실존의 이 두 가지 근본 입장은 희망을 전제하기 때문이다. 희망에 대한 가장 격렬한 저항은 현재를 겸손하게 용인하는 종교로부터 나온다. 인간은 항상 현재에서만 존재하는 자, 현실에 뿌리를 박고 있는 자, 자기 자신과 동시대적인 자, 현실을 용인하고 확신하는 자가 아닌가? 추억은 인간을 더 이상 존재하지 않는 과거에 얽어맨다. 희망은 인간을 아직도 존재하지 않는 미래로 던져 넣는다. 인간은 살아온 과거를 회상하지만, 과거에 살고 있지 않다. 인간은 사랑을 받아 온 과거를 회상하지만, 이제는 사랑하지 않는다. 인간은 다른 사람의 생각을 기억하지만, 이제는 생각하지 않는다.

희망 속에서도 이와 비슷한 일이 일어나는 듯하다. 그는 계속 살아가기를 바라지만, 미래에 살고 있지 않다. 그는 언젠가는 행복해지기를 바라지만, 이런 기대는 현재의 행복을 지나쳐 버리게 한다. 그는 회상과 희망 속에서 결코 자신의 완전한 정체성을 찾지 못하며, 현재 속에서도 역시 그러하다. 그는 언제나 현재에 질질 끌려 다니거나 성급하게 현재를 넘어가려고 한다. 회상과 희망은 온전한 현재의 행복을 보지 못하도록 그를 속인다. 그것은 그의 현재를 약탈해 버리며, 더 이상 존재하지 않거나 아직도 전혀 존재하지 않는 시간 속으로 이끌고 간다. 그것은 존재하지 않는 세계에 넘겨주며, 허무에 넘겨준다. 왜냐하면 이 시간들은 그를 허무의 강물 속으로 이끌어 가기 때문이다. 그 강에는 허무가 소용돌이치고 있다. 파스칼은 희망의 이런 속임수를 다음과 같이 한탄하였다.

> 우리는 결코 현재에 매달리지 않는다. 마치 미래가 너무 천천히 오기라도 하는 듯이, 마치 미래의 걸음을 재촉하려는 듯이, 우리는 미래를 미리 취한다. 과거가 너무 빨리 사라져 버리기 때문에 마치 그것을 움켜지기라도 할 듯이, 우리는 과거를 회상한다. 우리가 소유할 수 없는 시간의 주위로 배회하고 우리에게 속한 유일한 시간을 망각하는 것은 어리석은 일이다. 그리고 지금 존재하지도 않는 시간을 반성하고 지금 존재하는 유일한 시간을 잃어버리는 것은 허망한 일이다.… 우리는 현재를 거의 생각하지 않는다. 설령 현재를 생각하더라도, 오직 미래에 우리가 마음대로 처분할 수 있을 빛을 점화하기 위해서일 뿐이다. 현재는 결코 목표가 되지

못하며, 과거와 현재는 수단이 되고, 미래만이 우리의 목표가 될 따름이다. 그렇다면 우리는 지금 살고 있는 게 아니라 살기를 바랄 뿐이다. 그렇다면 우리는 불가피하게 행복해질 자세를 갖추면서도 실제로는 전혀 행복할 수 없게 된다(팡세 172).

그리스도교적 희망과 또 그로 인한 의식의 초월에 대한 저항은 항상 현재의 권리, 언제나 가까이 있는 이익, 매 순간 속의 영원한 진리를 완강히 주장한다. 현재는 인간이 온전히 존재할 수 있는 유일한 시간이 아닌가? 바로 현재에 이 유일한 시간은 인간에게 속해 있고, 인간은 이 유일한 시간에 속해 있지 아니한가? '현재'는 시간이면서 동시에 오고 간다는 의미에서 시간 이상의 것, 즉 영속하는 현재(*nunc stans*)가 아니며, 또 그런 의미에서 영원한 현재(*nunc aeternum*)가 아닌가?

오직 현재에 관해서만 우리는 그것이 '존재하고' 있다고 말할 수 있다. 그리고 오직 현재의 존재만이 계속적으로 지금 존재한다. 만약 우리가 완전히 현재적(*tota simul*)이라고 한다면, 시간의 한복판에서 덧없는 허무한 시간을 벗어나게 된다. 괴테(Goethe)도 다음과 같이 말하였다.

> 덧없이 지나가는 이 모든 것을 우리는 그대로 놓아둔다. 만약 영원한 것만이 매 순간마다 우리에게 현재적이라고 한다

면, 우리는 덧없는 시간 때문에 괴로워하지 않는다.

그는 영원히 정지하는 이 현재를 '자연' 그 자체에서 발견하였다. 왜냐하면 그는 '자연'을 스스로 존재하는 사물로 이해하였기 때문이다.

모든 것이 자연 속에 항상 존재하고 있다. 자연은 과거와 미래를 알지 못한다. 현재는 그의 영원이다.

그러므로 인간도 자연처럼 현재적인 존재가 되어야 하지 않겠는가?

자네는 항상 멀리 떠나려고 하는가?
보라, 선한 것은 이렇게 가까이 있다!
다만 행복을 붙잡는 것만을 배우라.
행복은 언제나 여기에 있다.

이처럼 참된 현재는 시간 속에 내재하는 영원과 조금도 다르지 않다. 시간적이고 지나가는 것의 외피(外皮) 속에 내재해 있는 본질과 현재적 영원성을 인식하는 것이야말로 중요한 일이라고 젊은 시절의 헤겔(Hegel)은 말한 적이 있다. 이와 마찬가지로 니체(Nietzsche)도 현재 안에서 '존재의 영원한 긍정'을 추구하고 '땅에 대한 충성' 속에서 영원의 사랑을 발견함으로써, 그리스도교적 희망의 짐과 기만에서 벗어나려고 하였다.

존재 자체가 시간에 현존하는 것은 언제나 오직 현재, 순간, 카이로스(Kairos), 지금일 뿐이다. 그것은 마치 그 어느 것도 더 이상 그림자를 남기거나 그림자 속에 있지 않는, 태양이 높이 떠 있는 정오(正午)와 같다. 하지만 그리스도교적 희망이 우리를 속여서 보지 못하게 하는 것은 단지 현재의 행복만이 아니라 그보다 더한 것, 현재의 하나님, 영원히 현재적인 하나님이요, 단지 인간의 현재적 존재만이 아니라 그보다 더한 것, 존재의 영원한 현재이다.

만약 희망 때문에 인간이 영원한 현재를 전혀 발견하지 못한다면, 단지 인간만이 속임을 당하는 것이 아니라 심지어는 하나님 자신도 속임을 당하게 된다. 바로 이로써 미래의 희망에 대한 '현재'의 비난은 극도에 달한다. 이것은 단지 인간에게 부과된 희망의 고통에 대한 삶의 비난일 뿐만 아니라, 현재적 신성(*numen praesentiae*)을 존재의 속성으로 갖는 그 하나님의 이름으로 던져지는 불신앙의 비난이기도 하다. 그렇지만 아직 존재하지 않는 것에 대한 희망을 거부하는 그 "현재"는 어떤 하나님의 이름으로 자신을 정당화하는가? 그것은 본질적으로 언제나, 그리고 항상 거듭 파르메니데스(Parmenides)의 하나님이다. 이 하나님에 관해 단편 8장(Diels)은 다음과 같이 말한다.

유일한 존재란 과거에 결코 없었고, 앞으로도 전혀 없을 것이다. 왜냐하면 그것은 지금 전체(νύν ἔστιν ὁμοὐ πάν)로서 존재하고 있기 때문이다.

이 '존재'는 호머(Homer)와 헤시오드(Hesiod)가 말하는 것처럼 '항상' 존재하는 것이 아니라 '존재하고' 있으며, '지금' 존재하고 있다. 그것은 시간 안에서 자신을 연장(延長)하지 않는다. 그의 진리는 '지금' 안에 있으며, 그의 영원은 현재이다. 그것은 동시에, 그리고 한꺼번에(*tota simul*) '존재한다'. 생명이 생겨나고 사라지는 시간은 영원한 현재의 나타남 앞에서 존재와 비존재, 낮과 밤, 영속과 소멸이 뒤섞이는 현상으로 퇴색해 버린다. 하지만 영원한 현재를 바라볼 때, 생성은 소멸되고, 몰락은 실종되어 버린다. 존재의 현재 속에서, 영원한 오늘 속에서 인간은 상처와 침범을 당하지 않는 불멸의 존재로 변한다(G. Picht). 플루타크(Plutarch)가 전해준 말대로, 만약 델피의 아폴로 신전의 문지방 위에 새겨진 하나님의 이름을 사람들이 엘(El)이라고 일컬었다면, 이것도 역시 영원한 현재의 의미에서 "당신은 존재하신다"라는 뜻을 지닐 수 있을 것이다. 하나님의 영원한 가까움과 현존 안에서 우리는 인간의 본질을 깨달을 수 있으며, 하나님을 기뻐할 수 있게 된다.

파르메니데스의 하나님은 '생각될 수 있다.' 왜냐하면 그는 영원하고 유일하며 충만한 존재이기 때문이다. 그에 반해 존재하지 않는 것, 지나간 것과 미래의 것은 '생각될 수' 없다. 이 하나님의 현재적 영원성을 바라볼 때, 존재하지 않는 것, 운동과 변화, 역사와 미래는 생각될 수 없다. 왜냐하면 그것들은 "존재하지" 않기 때문이다. 이 하나님을 바라볼 때, 오직 역사의 의미심장한 부정만이 가능할 뿐이며, 역사의 의미심장한 경험은 불가능하다. 이 존재의 이성(Logos)은 우리를 역사의 힘으로부터 해방하여 영원한 현재로 인도한다.

인간을 기만하는 것처럼 보이는 그리스도교적 희망에 대항하는 동안, 파르메니데스의 하나님 개념은 신학에 깊이 침투해 들어오고야 말았다. 키에르케고르(Kierkegaard)가 자신의 저서 《불안의 개념》의 유명한 제3장에서 약속된 '시간의 충만'을 약속과 역사의 기대 지평으로부터 분리하고, '시간의 충만'을 영원한 '순간'이라고 일컬었다면, 실로 우리는 그리스도교적 하나님 인식보다는 오히려 헬라적 사고의 영역 안에 있는 셈이 된다. 물론 키에르케고르는 철저한 죄악성에 대한 그리스도교적 통찰을 통해 헬라적 시간 이해를 수정했으며, 이성(理性: Logos)과 가상(假想: Doxa)의 헬라적 구분을 역설(逆說; Paradox)로까지 드높여 놓았다. 하지만 여기엔 실로 "영원한 현재의 나타남"을 수정한 것 이상의 그 무엇이 있는가?

현재적인 것은 시간의 한 개념이 아니다. 영원한 현재는 시간을 지양(止揚)하면서 계승한다. 순간은 과거도 없고 미래도 없는 그런 현재를 일컫는 말이다. 순간은 영원의 최소 단위(Atom)이다. 순간은 시간 안에서 일어나는 영원의 첫 반사(反射)요, 시간을 잠시 중단시키려는 영원의 첫 시도이다.

따라서 신앙인도 마땅히 파르메니데스와 플라톤을 추앙하는 자의 모습에 비추어 묘사된다는 것은 이해할 만하다. 신앙인은 완전히 현재적인 존재이다. 최상의 의미로 말하자면, 그는 자기 자신과 동시대적이고 하나가 된 존재이다.

사람이 영원 덕분에 오늘 완전히 자기 자신과 동시대적인 존재가 되었다는 것은 영원의 소득이다. 신앙인은 영원을 향해 등을 돌리며, 그리하여 그는 오늘 당당히 영원을 완전히 소유할 수 있게 된다. 그리스도인은 믿는다. 그래서 그는 내일(來日)에서 벗어난다.

인격주의적 사고와 성령론적 언어로써 최근 신학에 영향을 끼쳤던 에브너(Ferdinand Ebner)도 이와 비슷하게 말한 적이 있다.

영원한 삶은 절대적인 현재 속에서 사는 것, 실로 인간이 하나님의 현존을 의식하며 살아가는 것과 같다.

왜냐하면 하나님의 본질은 영(靈)의 절대적인 현존에 있기 때문이다. 그러므로 인간의 '현재'는 하나님의 현재와 조금도 다르지 않다. 그는 시간으로부터 벗어나서 현재 속에서 살아간다. 이처럼 그는 '하나님 안에서' 산다. 그러므로 신앙과 사랑은 우리를 시간에서 건져내는 무시간적 행위이다. 왜냐하면 그것은 우리를 완전히 '현재적인' 존재로 만들기 때문이다.

 그렇다면 그리스도교적 신앙은 예수의 생애와 활동을 지배했던 하나님의 가까움에 동의한다는 것을 의미한다. 왜냐하면 볼 수 없는 매일의 삶은 실로 채워진 시간 속에서 사는 삶이요, 하나님의 가까움 속에서 사는 삶이기 때문이다. 다시는 돌아오지 않는 순간을 포착하는 것, 자신과 완전히 하나가 되고 자기 자신과 사물에 완전히 전념하는 것, 이것이야말로 곧 '하나님'을 의미하기 때문이다. 하나님의 소원성(疎遠性)과 부재성(不在性) 속에서 세워지는 하나님 개념은 그 분의 가까움 속에서 사라진다. 그래서 완전히 현재적인 존재가 된다는 것은 '하나님'이 사건으로 일어난다는 것을 의미한다. 왜냐하면 완전한 현재의 '사건'은 하나님의 사건이기 때문이다.

 현재 속의 삶을 주장하는 이러한 존재 신비주의는 하나님의 직접성(直接性)을 전제한다. 하지만 만약 그리스도 때문에 하나님을 믿는 신앙이 이와 같은 직접성을 소유하게 되면, 그리스도 사건 안에서 이루어진 하나님의 역사적인 자기 전달, 하나님과 인간의 화해만이 아니라 희망의 범주 안에서 역사를 인식하는 행위도 사라져 버릴 수밖에 없게 된다. 이것은 '희망의 하나님'이 아니다. 왜냐하면 희망의 하나님은 자신과 인간, 세계의 미래를 약속하시고 아직도 존재하지 않는 역사 안으로 인간을 보내시는 가운데 현존하시기 때문이다. 출애굽과 부활의 하나님은 영원한 현재가 '아니다.' 오히려 그 분은 미래를 향한 그분의 사명에 순종하는 사람에게 자신의 현존과 가까움을 약속하신다. 야훼(JHWH)는 무엇보다도 먼저 자신의 현존과 나라를 약속하시고 미래의 전망을 제공하시는 하나님의 이름으로서 '미래를 존재의 속성으로 지니시는' 하나님, 약속의 하나님, 현재로부터 미래로 탈출하시는 하나님, 자신의 자유로부터 미래와 새로움을 공급하시는 하나님이다.

그 분의 이름은 '영원한 현재'를 푸는 암호가 아니며, '엘'(El), '당신은 존재하신다'라고 일컬어질 수도 없다. 그 분의 이름은 길(Weg)의 이름이요, 새로운 미래를 여는 약속의 이름이다. 그 분의 약속은 미래의 지평을 드러내기 때문에 그 분의 진리도 역사 속에서 경험된다. 그러므로 바울이 말한 대로 그 분은 "죽은 사람들을 살리시며 없는 것들을 불러내어 있는 것이 되게 하시는"(롬 4:17) 하나님이다.

우리가 희망과 변화 가운데서 그 분의 약속을 현재적으로 경험할 때, 이 하나님은 현존하신다. 없는 것들을 있는 것이 되게 하시는 하나님 안에서는 아직 존재하지 않는 것, 미래의 것도 '생각될 수' 있다. 왜냐하면 그것은 희망의 대상이 될 수 있기 때문이다. 신약성서의 '지금'과 '오늘'은 파르메니데스가 말하는 존재의 영원한 현재의 '지금'과는 다른 것이다. 왜냐하면 그것은 약속된 미래의 새로움이 섬광을 발하고 빛을 비추는 '지금'과 '돌발적인 것'이기 때문이다. 오직 이런 의미에서만 그것은 '종말론적인' 오늘이라고 말할 수 있다. 헬라인에게서 '파루시아'는 하나님의 현존의 총괄 개념, 존재의 현존의 총괄 개념이었다.

하지만 신약성서에서 그리스도의 파루시아는 오직 기대의 범주 안에서만 이해된다. 그러므로 그것은 그리스도의 현재(*praesentia Christi*)가 아니라 그리스도의 도래(*adventus Christi*)를 의미한다. 그것은 시간을 정지시키는 그의 영원한 현재가 아니라, 강림절의 노래 가사가 말하듯이, 시간 안에서 생명을 열어주는 그의 "미래"이다. 왜냐하면 시간의 생명은 희망이기 때문이다. 신앙은 생명의 정오(正午) 안에 세워지는 것이 아니라 밤과 낮, 사라지는 것과 다가오는 것이 서로 투쟁하는 새로운 날의 여명 안에 세워진다. 그러므로 신앙은 그날그날 속으로 들어가서 사는 것이 아니라, 무로부터 창조하신 분(*creator ex nihilo*)과 죽은 자를 살리신 분이 약속하신 대로 장차 오게 될 것들을 기대하면서 그날그날을 넘어선다. 십자가에 달린 자에 관한 복음의 약속 안에서 실현되는 하나님과 그리스도의 파루시아의 현재는 시간으로부터 벗어나지 않으며, 시간을 정지시키지도 않는다. 오히려 그것은 시간을 열어주고, 역사를 움직인다.

왜냐하면 그 현재는 비존재(非存在)로 인한 고통을 덮어버리지 않고, 회상과 희망 속에서 비존재를 용납하고 수용하기 때문이다. 그렇다면 더 이상 존재하지 않는 것, 아직도 존재하고 있지 않는 것에 대한 긍정 없이도 '존재의 영원한 긍정'이 존재할 수 있겠는가? 비동시대적인 것과 부조화스러운 것이 희망을 통해 화해되지 않았는데도, 오늘을 사는 인간의 조화와 동시대성이 이루어질 수 있겠는가? 사랑은 시대의 아픔으로부터 도피하지 않고 언제나 시대적 고통을 짊어진다. 희망은 '현재의 십자가'를 기꺼이 짊어질 수 있게 한다. 희망은 죽은 것을 껴안을 수 있으며, 기대 밖의 일을 기대할 수 있다. 희망은 운동을 긍정할 수 있고, 역사를 소원할 수 있다. 왜냐하면 희망의 하나님은 지금 전체로서 동시에 존재하기 때문에 '과거에도 존재하지 않았고 앞으로도 존재하지 않을' 분이 아니라, '죽은 사람들을 살리시며 없는 것들을 있는 것이 되게 하시는' 분이기 때문이다. 죽은 자들을 살리신 바로 그분이 하나님으로 인식되는 바로 그곳에서는 "무로부터는 아무 것도 생기지 않는다"(*ex nihilo nihil fit*)는 절망의 도그마(Dogma)의 마력은 깨어지고 만다. 신앙 속에서, 그리고 이 하나님에 대한 희망 속에서 우리가 가능한 것과 약속된 것을 바라보며 살기 시작할 때, 역사적이기 때문에 사랑해야 할 삶의 온전한 부요(富饒)가 드러난다.

존재하는 것과 똑같은 것을 향한 사랑인 필리아(*philia*) 이상의 것, 즉 존재하지 않는 것, 똑같지 않은 것, 품위와 가치가 없는 것, 잃어버린 것과 죽은 것을 향한 사랑인 아가페(*agape*)는 오직 이 하나님의 지평 안에서만 가능해진다. 아가페 사랑은 고통과 소외의 파괴적인 힘을 스스로 질 수 있다. 왜냐하면 그것은 무로부터의 창조(*creatio ex nihilo*)에 대한 희망으로부터 힘을 얻기 때문이다. 아가페 사랑은 없는 것은 아무것도 아닌 것처럼 말하면서 이를 외면하지 않고, 스스로 없는 것을 있게 만드는 신비한 능력이 된다. 바로 이 희망 속에서 사랑은 역사의 열려진 가능성을 측정한다. 사랑 안에서 희망은 모든 것을 하나님의 약속으로 인도한다.

  이 희망은 인간을 속여서 현재의 행복을 보지 못하게 하는가? 희망이 어찌 이런 일을 할 수 있겠는가? 오히려 희망 그 자체가 현재의 행복이 된다. 희망은 가난한 자들에게 축복을 선언하며, 수고하고 무거운 짐을 진 자들과 천대와 모욕을 당하는 자들, 굶주리고 죽어 가는 자들을 받아들인다. 왜냐하면 희망은 하나님의 나라가 그들을 위해 오고 있음을 알고 있기 때문이다. 기다림은 삶을 행복하게 만든다. 왜냐하면 기다리는 인간은 자신의 현재를 전부 받아들일 수 있기 때문이요, 행복 속에서만 기뻐하지 않고 고난 속에서도 기뻐할 수 있으며, 행복 속에서만 행복해 하지 않고 고통 속에서도 행복해 할 수 있기 때문이다.

실로 희망은 행복과 고통을 뚫고 나간다. 왜냐하면 하나님의 약속 안에서 희망은 사라지는 것과 죽어가는 것, 이미 죽은 자를 위한 희망까지 바라볼 수 있기 때문이다. 그러므로 희망 없이 산다는 것은 더 이상 살지 않는다는 것과 마찬가지라고 말할 수 있으리라. 지옥은 희망을 잃어버린 곳이다. 그래서 단테(Dante)가 묘사한 지옥의 입구에 "이 곳으로 들어가는 자들은 모두 희망을 버릴지어다"라는 문구가 새겨져 있는 것도 결코 우스개 소리가 아니다.

희망이 사라지는 것을 바라볼 능력과 의지조차 잃어버린 채, 현재만을 긍정하는 그런 행위는 하나의 환상이요, 영원마저 믿지 않는 어리석은 행위이다. 희망이 사랑 가운데서 모든 일을 신실하게 행할 때, 그리고 희망이 그 어떤 것도 허무 속에 내버려두지 않고 모든 이들에게 생명의 가능성을 열어줄 때, 무로부터 만물을 창조하신 분(*creator ex nihilo*) 위에 세워진 희망은 비로소 현재의 행복이 될 수 있을 것이다. 생명의 가능성은 오만과 절망 가운데서는 마비되며, 영원한 현재의 꿈 속에서는 일그러진다.

《희망의 신학》, 위르겐 몰트만, 이신건 옮김, (기독교서회, 2002), pp. 33-41.

넷째 마당

종말론적 희망의 전통

전통이 우리에게 살아 있고 구속력을 지니고 친숙하고 유행하는 것은, 그것이 세대가 이어지는 동안 조상들과 자손들을 자명하게 이어주고 시간 속에서 연속성을 창조하기 때문이다. 이와 같은 당연한 친밀성과 신뢰성이 문제시되는 곳에서는 전통의 본질적인 요소들은 사라진다. 반성이 생겨나 전통을 비판적으로 문제시하는 곳에서는, 그리고 전통을 수용하거나 거부하는 행위를 의식적으로 하는 곳에서는 전통이 그 친숙한 힘을 잃어버린다. 전통이 파괴되면서 비로소 인간의 삶의 전통성이 폐기되는 것은 아니다. 전통이 의식적으로 문제시될 때부터 이미 그것은 폐기된다. 왜냐하면 전통은 이제 현재의 사고와 행동의 후견인(後見人)과 주체이기를 그치고 그 자체로서, 그리고 그 뿌리로부터 전통을 상실한 사고의 대상이 되어버리기 때문이다.

그렇게 되면, 전통은 급격하게 배척을 당하거나, 보수적으로 재건된다. 하지만 사람들이 전통에 관해 '보수적으로' 말하기 시작하면서부터 전통은 더 이상 존재하지 않게 된다.[1] 현대의 전통 단절의 출발점과 원리는 데카르트(Descartes) 이후로 의심의 방법을 확실한 지식의 기초로 삼은 것에 있다. 현대에 이르기까지 서양의 정신이 전승된 텍스트를 통해 형성되어 왔다면, 지금 그것은—이미 중세기 후기부터 시작된 것이지만—자신의 경험을 통해, 그리고 자신의 경험의 방법론적 연구를 통해 형성되고 있다. 따라서 파스칼(Pascal)은 신학의 방법과 현대 과학의 방법을 분리하였다.

> 만약 우리가 이러한 구분을 명확히 한다면, 물리학에서 이성과 실험 대신에 오직 전통만을 인정하려는 사람들의 맹목에 한탄할 것이다. 우리는 신학에서 성서와 교부들의 전통 대신에 이성의 논증을 내세우는 사람들의 부당함에 놀랄 것이다.[2]

신학은 오직 전승된 말씀에 입각해서만 가르칠 수 있다. 하지만 사람들이 인간적, 사회적 삶의 기초를 세우기 위해 진리를 추구하는 바로 그 영역에서 전통은 물려받은 편견, 즉 프란시스

---

1) G. Kruger, *Freiheit und Weltverwanltung*, 1958, p. 223.
2) Pascal, *Oeuvres II*, p. 133.; J. Pieper, *Über den Begriff der Tradition*, 1957, p. 10에서 인용함.

베이컨(Francis Bacon)이 말한 우상(*idola*)의 총체가 된다. 전통 때문에, 그리고 전통 속에서 살아가는 정신의 역사적 형태 대신에 인간 정신의 추상적 자기 확신, 즉 생각하는 자아(*sum cogitans*)가 등장한다. 생각하는 인간에게 역사의 모습(*res gestae*)은 근본적으로 자연의 연장물(*res extensae*)에 지나지 않는다. 그러므로 그는 역사의 영역에서도 방법론적으로 확실한 역사-비판적 경험을 추구한다. 이와 같은 비역사적 이성의 개념은 전통을 우연한 역사적 진리로 만들어 버리며, 자기 자신 안에서 영원한 이성적 진리를 발견한다. 과거의 역사는 전통 속에서는 더 이상 현재화되지 못하고, 과학적 반성을 통해 역사화된다.

> 이제 과거에 대한 역사적 관계는 단지 이 과거가 지나가 버렸다는 사실을 전제할 뿐만 아니라, 또한 지나간 것은 더 이상 힘을 발휘하지 못한다는 사실을 확인하고 확정하는 결과도 초래한다. 전통 대신에 역사 기술(技術)이 등장한다. 다시 말하면, 역사 기술은 전통을 장악하며, … 과거의 인물들을 실제로 추종하지 못하게, 즉 그들의 전통 속에 서지 못하게 한다.[3]

그렇게 되면, 역사적 이성은 실로 전통은 해체할 수 있지만 새로운 전통을 창조하지는 못한다.

---

3) G. Kruger, 같은 책, p. 216.

전통이 무의식적으로 우리의 행동에 가하던 압력은 진보적인 역사과학으로 말미암아 역사 안에서 점차로 감소한다.[4]

역사에 대한 이와 같은 관계로 말미암아 이제 의심할 나위 없이 전통 단절이 결과를 예측하기 어려울 정도로 일어나기 시작했다. 먼저 매우 분명한 서양 전통과의 단절이 일어났다. 그렇지만 여기서 인간의 실존 이해의 전통성까지 완전히 단절되었는지는 의문이다. 하지만 해방된 이성은 현대의 시작과 더불어 새로운 역사 경험을 만들어 내었으며, 이러한 경험은 물려받은 전통의 집을 파괴하였다. 아메리카와 중국을 향한 탐험 여행은 고대적-그리스도교적 인류의 족보에 속하지 않는 민족들을 알게 해주었다. 반성 속에서 자기 확신을 얻는 이성은 자연 속에서 고대의 세계상을 낡게 만드는 발견을 하게 되었다.

결국 이성은 사회적으로 새로운 경제 형태와 시민적 행동 양식을 낳았으며, 이것은 전승된 그리스도교적 정신(*Ethos*)을 파괴하였다. 프랑스 혁명은 오직 계몽주의의 유산만을 수행했으며, 산업 혁명과 경제적-기술적 문명 속에서 그 나름대로 계승되었다. 전통과 권위에 의존하는 것, 고대로부터 전승되어 오는 진리

---

4) M. Scheler, *Die Stellung des Menschen im Kosmos,* 1927, p. 31. 이에 대해서는 가다머의 비판을 참조하라. H. G. Gadamer, *Wahrheit und Methode,* 1960, p. 267.

와 연관성에 의존하는 것은—전통적 의식구조에서 이와 같은 연관성은 본질적이다—여기서 더 이상 본질적인 의미를 갖지 못한다. 인용 대신에 성공적 실험과 기술이 등장한다. 인간은 생산자와 소비자, 거래하는 자로서 각자의 다양한 출신과는 무관하게 항상 동일하다. 따라서 과학과 기술은 아무런 구애를 받지 않게 되며, 역사적 신분의 차이를 대수롭지 않게 생각한다. 이러한 전망은 낭만주의로부터 현재에 이르기까지 전통주의자들로 하여금 허무주의적이고 충격적인 환상을 갖게 하였다.

> 만약 전통이 실로 완전히 파괴된다면, 만약 허무주의가 완성된다면, 만약 영원한 것이 완전히 사라진다면, 사람들은 인간의 자명하고 공통적인 근거에 더 이상 호소할 수 없을 것이다.[5]

순전히 주관적인 세계관 속에서는 스스로 존재하는 세계가 소멸하기 때문에 결국에는 더 이상 아무것도 존재하지 못할

---

5) G. Kruger, 같은 책, p. 123. "우리는 아직도 우리의 모순을 먹고 살아간다. 즉 우리는 실로 모든 전통을 잠재우지는 않았다. 하지만 우리의 삶은 현저하게 더 역사적으로, 더 우연적으로, 더 파국적인 것이 되어간다. 우리는 의미가 있고 공통적인 실존이 철저히 불가능한 방향으로 가고 있다.이러한 상황 아래서 모순되고 불안정한 시대와 결별하고 전통을 다시 원칙적으로 긍정하는 것은 삶을 위해 반드시 필요하다" (94).

것이며, 허무주의가 노래의 마지막이 될 것이다.[6]

그렇게 되면, 우리는 '전통의 손실이 온통 절망적인 운명처럼, 지주(支柱)와 안식처의 상실처럼, 영속적인 것의 소멸처럼, 정신적 생명 공간의 질식과 파괴처럼 닥쳐오는'[7] 시대에 빠져들 것이다. 하지만 이처럼 낭만주의적-허무주의적으로 전통을 다시 수용해야 할 이유를 설명하는 사람들은 "현대"를 역사의 전통 안으로 통합할 수 없다. 왜냐하면 그들은 현대적 사고와 활동의 획기적인 진보성을 파악하지 못하기 때문이다. 그들은 단지 고향의 상실만을 바라볼 뿐, 현대의 출현 속에서 미래가 가져올 수 있는 유익은 보지 못한다. 그러므로 그들은 현대로 말미암아 환상적으로 열린 역사의 앞마당에 둑을 쌓아서, 역사성의 유혹이 넘쳐나는 것을 막을 수밖에 없게 된다. 하지만 이로 말미암아 전통은 형식적인 것이 되고 만다. 물론 사람들은 어떤 전통이 현대의 전통 단절을 극복할 수 있는지를 알지 못한다. 하지만 그들은 전통적으로 사고하고 행동할 것을 추천한다.

하지만 이성과 사회를 전통의 보호와 지배로부터 해방하려는 진정한 동기는 '현대'의 종말론적-메시야적 열정 속에 있다. '옛' 것은 추월을 당했다. 왜냐하면 '새' 것이 눈에 보일 듯이 가까이 온 것 같기 때문이다. 낡은 고대의 전통 속에 매여 있던

---

6) R. Geiselmann. *Der heilige Schrift und die Tradition,* 1962, p. 81.
7) G. Ebeling, *Die Gechichtlichkeit der Kirche,* 1954, p. 36.

희망은 역사의 미래를 위해 약동하고 활약하기 시작하였다. '세속화'는 그리스도교적 전통과 질서로부터 이탈한 것이 아니라 그리스도인들의 기대를 세계사적으로 실현한 것이었고, 그래서 그리스도인들의 희망을 천년왕국적으로 추월한 것이었다. "역사의 충격"이 옛 전통의 둑과 그 속박을 넘쳐흐른 것이 아니라, 그 속에 깃들여 있던 희망이 그로부터 터져 나왔다. 종래의 전통 대신에 역사적으로 활동하는 메시야 사상이 번갈아 나타났다. 그러므로 우리는 '현대'는 단지 다른 시대에 불과하다는 전제로부터 출발할 수 없을 것이다. 그리고 현대의 역사 의식은 철저히 새로운 것이 아니라 과거를 바라보는 인간의 태도 중의 새로운 한 가지 요소에 불과하다고 말할 수 없을 것이다.[8] 역사적 사고 안에 들어 있는 혁명적이고 천년왕국적인 요소들을 진지하게 여길 때, 비로소 우리는 그 안에서 전통의 요소도 발견할 수 있다.

그러므로 우리는 다음과 같이 질문하게 된다. 현대가 동터올 때에 어떤 전통이 무너지는가? 혁명적 논리는 어떤 전통의 개념을 공격하는가? 그리스도인들이 선포하는 전통은 무엇이며, 그것은 인간에게 무엇을 요구하는가? 이를 위해서 우리는 전통의 상이한 내용과 그 다른 절차를 염두에 두면서, 낡은 고대의 전통 개념과 그리스도교적인 전통 개념을 매우 엄밀하게 구분해야

---

8) H. G. Gadamer, 같은 책, p. 267.

할 것이다.

낭만주의의 반(反)혁명적, 반(反)합리주의적 전통 개념은 항상 고대의 전통 사상의 재건으로 나타난다. 여기서 종교와 신성에 대한 참여는 옛날부터 단절되지 않고 존재해 온 전승과 결부되어 있다. 고대의 전통 사상에서[9] 지나간 시간은 거룩한 축제의 시간 속에서 재생된다. 모든 축제와 제의적 시간은 태초의 시간, 시원의 시간을 근원적으로(*in principio*) 다시 가져온다. 생명이 사라지고 흘러가는 세속적 시간은 축제의 시간 속에서 정지된다. 세계의 시간은 해마다 갱신된다. 그것은 해가 바뀔 때마다 그 원초적 거룩함을 다시 획득한다. 축제의 시간 속에서 인간들은 주기적으로 다시금 신들의 동시대인이 되며, 마치 태초에 있는 것처럼 신들과 함께 살게 된다.

여기서 역사는 태초로부터의 이탈과 거룩한 시초의 퇴락(頹落)을 의미한다. 전통은 태초의 시간과 근원 속에서 쇠퇴한 생명을 다시 불러들이는 것을 의미한다. 신화적인 태초의 사건은 그 속에서 현재화된다. 이와 같은 전통 사상에서 '진리'는 언제나 '옛 것'과 결합되어 있다. 전통의 우월성은 "옛날부터"라는 어법 속에서 표현된다. 이와 유사하게 고대의 전통 사상은 옛 것(*antiqui*), 조상, 더 큰 것(*majores*), 오래된 것(οἱ παλαιοί),

---

[9] 이 장을 위해서는 엘리아데(M. Eliade)의 논문들을 보라.

으뜸이 되는 것(οἱ ρχαίοι)은 '근원에 가까운 것, 원시의 것, 시초의 것'이라고 말한다. "우리보다 더 선량하게, 그리고 신들과 더 가까이 사는 사람들"[10]은 권위를 갖는다.

옛날 사람들은 참된 것을 안다. 만약 우리가 이것을 발견한다면, 사람들의 견해 때문에 걱정할 필요가 없을 것이다.[11]

신들은 프로메테우스(Prometheus)라는 사람을 통해 빛나는 불꽃 속에서 선물을 내려주었다. 그리고 우리보다 더 선량하게, 그리고 신들과 더 가까이 살던 옛날 사람들은 우리에게 이 소식을 전해주었다.[12] 진리의 증거는 옛 말(πάλαι λέγεται)에 있다.

원시인들과 태고 시대의 사람들은 신들이 온 자연을 둘러싸고 있다고 알려주었다.[13]

그래서 이러한 전통 사상에서 계시는 태초에 일어났다. 우리 이전에 있었고 태초와 가까이 살았던 옛날 사람들은 바로 그래서 권위를 갖게 된다. 그러므로 옛 것은 진리로 인정된 것, 보존

---

10) Plato, *Philebos,* 16c 5-9.
11) Plato, *Phaidros,* 274 c1.; J. Piper, 같은 책, p. 22에서 인용함.
12) 같은 쪽.
13) Aristoteles, *Metaphysik,* 1074 b 1.

해야 할 것이 된다. 회상(*Anamnesis*)은 사물의 진정한 태초의 본질을 다시 인식시켜 준다. 그러므로 전통은 과거를 계속 회상케 한다. 우리가 지켜야 할 원초적인 진리의 보화(*thesaurus*)와 우리에게 맡겨진 선물(*depositum*)에 관한 신화적인 표상들도 바로 이에 속한다. 요셉 피퍼(Joseph Piper)는 플라톤의 대화록 (Philebos)에 인용된 내용을 다음과 같이 설명한다.

> 하지만 그의 말 중에서 가장 중요한 것은 … 플라톤의 이 말이 신학이 자기 나름대로 동일한 질문을 위해 마련한 답변과 똑같다는 사실이다. 우리가 옛날 사람들 가운데 플라톤적인 요소가 있다고 생각할 때, … 한편으로는 옛날 사람들에 대한 이와 같은 플라톤적인 설명과 다른 한편으로는 성서의 저자를 정확하게 '영감을 받은 저자'라고 일컫는 신학의 정의(定義) 사이에 본질적인 차이점이 존재하는지를 물어야 한다. 결정적인 공통점은 분명히 다음과 같은 것이다: 양자는 신의 말씀(θεος λόγος)을 처음으로 받은 자로 생각된다.[14]

하지만 이것은 실제로 그러한가? '옛날부터 전해오는' 헬라적 전승 내용은 그리스도교적 선포 내용과 같은가? 사도들은 태

---

14) J. Pieper, 같은 책, p. 23f.

고의 플라톤적인 사람들과 동일시될 수 있는가? 부활한 그리스도는 고대의 전통 개념 속에서 선포될 수 있는가? 전통이란 무엇이며, 전통은 어떻게 일어나는가? 이에 대한 대답은 항상 전승되어야 할 내용(Sache)으로부터 생겨난다. 내용은 전통의 과정에 이르기까지 전통을 결정한다.

이스라엘은 신화적인 원초적 사건을 전승하거나 이를 근원적으로(in principio) 현재화하지 않았다. 이스라엘은 자신의 본질과 생활, 자신의 운명과 역사를 결정하였던 역사적 사건을 전승하였다. 이스라엘의 '태고 시대'와 '옛 세대의 시절'을 기억할 때, 사람들이 생각한 것은 신화적인 태고 시대가 아니라 역사적인 태고 시대, 즉 야웨가 일으키신 출애굽과 땅 점령의 사건이었다. 옛날 사람들은 태고의 사람들이 아니라 야웨의 약속을 받고 그분의 신실한 행위를 역사적으로 경험하였던 바로 그 세대였다. 여기서 '하나님'은 '태고의 존재'가 아니라 아브라함과 이삭과 야곱의 하나님이시다. 이스라엘 사람들에게 본질적이었던 전통의 내용은 야웨의 위대한 행위와 약속이다. 이것은 일회적이고 반복될 수 없는 것이다. 그러므로 이것은 이스라엘의 미래를 결정한 것이기도 하다. 지나간 시절의 야웨의 약속 행위와 함께 이스라엘의 미래, 즉 그의 역사적인 미래가 열렸다.

그러므로 이스라엘의 전통 사상은 단지 회고적인 물음으로만 해석되어서는 안 된다. 그것은 또한 앞을 바라본다. 이스라엘 사람들은 "후대의 자손들"(시 78:6)에게 지나간 시절의 야웨의 신실함을 이야기하고, 회상한다. 그렇게 하는 목적은 '새롭게 형성된 민족'으로 하여금 야웨를 찬양하고 자신의 현재와 미래를 위한 야웨의 통치를 인식하기(시 71:18) 위함이다. 미래에 야웨의 신실함을 신뢰할 수 있게 하려고 태고 시대의 역사적 경험이 이야기된다. 야웨의 신실함은 신화적인 태고 시절부터 옛날 사람들로부터 전해 받은 하나의 교훈이 아니라, 사람들이 말해야 하고 기대할 수 있는 하나의 역사이다. 이 전통은 역사로부터 나와서, 미래의 역사를 목표로 삼는다.

그런데 이 목표는 이스라엘의 역사에서 변할 수 있다. 그것은 무엇보다도 '야웨는 그러하시다'라고 인식하는 신뢰를 지향한다. 과거에도 그러하셨듯이, 미래에도 역시 야웨는 그러하실 것이다. 바로 여기에 반복의 요소가 있다. 하지만 이것은 신화적인 태초로 되돌아가는 것이 아니라 신실함과 지속성 속에서 이루어지는 반복이다. 만약 우리가 "역사적 사고의 종말론화"(G. von Rad)라고 일컬었던 바로 그 전환이 큰 예언자들 가운데서 일어나기 시작했다면, 그 속에서는 전통 사상의 종말론화도 발견될 수 있다. 예언자들 가운데서도 전통이 형성된다. 하지만 이것은 새로운 형태의 전통 형성이다. 예언자들의 말은 역사의 전령(傳令)으로서 역사에 대한 기대를 일으킨다.

나는 이 증언 문서를 밀봉하고, 이 가르침을 봉인해서, 나의 제자들이 읽지 못하게 하겠다. 주님께서 비록 야곱의 집에서 얼굴을 돌리셔도, 나는 주님을 기다리겠다. 나는 주님을 의지하겠다(사 8:16 이하).

예언자들의 말은 "오고 오는 날에 영원한 증거가 되도록"(사 30:8) 보존되고 기록될 것이다.[15] 이스라엘에서 일어난 전통 사상의 이러한 발전을 요약하기도 하자.

고대의 전통 개념과는 달리 여기서는 이미 일어난 역사와 미래의 역사에 대한 확고한, 비신화적인 관점이 두드러지게 나타난다. 하나님의 약속이 전달되며, 아직 일어나지 않는 미래를 지시하는 하나님의 신실한 사건이 이야기된다. 이러한 전통 사상에서는 예고되고 약속된 미래가 현재를 점점 더 많이 지배한다. 이 약속의 전통은 태초의 근원적인 사건을 바라보지 않고 미래를 바라보며, 궁극적으로는 성취의 종말을 바라본다. 이스라엘 사람들은 미래를 등진 채 역사를 따라 흘러가지 않으며, 언제나 다시금 근원을 바라보지도 않는다. 그들은 신뢰 속에서 약속된 미래를 향해 나아간다. 태고의 사람들이 진리와 가까이 있는 것도 아니며, 그들이 신들과 더 가까이 사는 것도 아니다. 약속을

---

15) H. W. Wolff, *EvTh 20*, 1960, p. 220.

받은 자들은 미래의 세대들이며, 그들이야말로 약속의 성취를 보게 될 것이다.

고대의 전통사상과는 달리 그리스도교적 선포의 전통이 구약성서의 전통 이해와 공통적으로 갖는 요소들은 무엇보다도 다음과 같다:

1) 여기서도 전통은 일회적이고 반복될 수 없는 역사적 사건, 즉 십자가에 달렸던 그리스도의 부활과 결합되어 있으며, 그것과 결속시킨다.
2) 전승의 과정은 이 사건이 '단 한번' 전개하는 미래의 지평에 의해 요구되고, 촉발된다. 태고 혹은 고대의 전통 개념으로써는 단 한 번 일어난 그리스도의 부활 사건은 파악될 수 없으며, 그리스도교적 사명의 종말론적 미래의 지평도 파악될 수 없다. 그러므로 반(反)혁명적인 낭만주의 이래로 가톨릭 교회가 종종 그러하였고, 개신교가 자주 그러하였듯이, 그리스도교적 전통을 고대의 전통의 척도에 따라 설명하는 것은 잘못된 것이다. 그리스도교적 전통과 그리스도교적 선포의 전승 과정은 이와 같은 틀을 깨뜨린다.

(1) 그리스도교적 선포의 출발점은 십자가에 달렸던 그리스도가 부활하였다는 사실과 그가 도래하는 하나님의 세계의 주님으로 높이 들렸다는 사실에 있다.

> 그리스도교적 전통은 부활절 이래로, 부활한 그리스도에 대한 신앙과 함께 교회가 존재한 이래로 존재한다.[16]

그러므로 그리스도교적 전통은 바로 선포였고, 선포를 통해 전달되었다고 우리는 말할 수 있을 것이다. 고대인들과 랍비들의 전통 이해와 다른, 매우 본질적인 차이점은 바로 여기에 있다. 그들의 전통 이해와 복음 선포는 어떤 면에서 차이가 나는가? 복음 선포는 교리 속에서 지혜와 진리를 전달하는 것이 아니다. 그것은 또한 율법에 따른 인생의 도리와 그 변화를 전달하는 것도 아니다. 그것은 종말론적인 사건을 알리는 것, 이를 드러내는 것, 이를 천명하는 것이다.[17] 그것은 부활한 자의 세계 통치를 드러내며, 인간으로 하여금 신앙과 희망 속에서 오고 있는 구원을 바라보도록 한다.

복음은 선언(宣言)으로서 그리스도의 통치의 도래를 알리며, 그 자체로서 이 도래의 한 요소이다. 그것은 오고 있는 주님의 현재를 밝히 드러낸다. 그러므로 바울은 태초부터 존재하였고 시간적으로 신들과 더 가까이 살았던 사람들, 즉 태초의 사도들로부터 복음 선포와 온 세계의 이방인들을 향한 파송의 근거를

---

16) E. Dinkler, *RGG 3*, Aufl., VI Sp., p. 971.
17) Kl. Wegenast, *Das Verstandnis der Tradition bei Paulus und den Deutero-paulinien*, 1961, p. 44.

끌어오지 않고, 이를 높이 들린 주님으로부터 직접 받았던 것이다(갈 1:2 이하; 고전 9:1; 15:8). 그러므로 그의 복음은 예수가 전해준, 혹은 예수에 관한 교리를 전달하지 않고 높이 들린, 그리고 오고 있는 주님의 현재를 드러내 주었던 것이다. 그러므로 복음 선포의 과정 혹은 이 비밀을 계시하는 과정은 랍비들의 전승용어로써 설명되지 않고, κηρύσσειγ(선포하다)와 εὐαγ-γελιζεσθαι(복음을 전하다) 같은 새로운 어휘로써 설명되었던 것이다.

> 바울과 후기 유대교의 교사들의 차이점은 단순히 그의 전승 내용에만 있지 않다. 그런 점에서 그는 결코 그리스도교의 랍비가 아니다. 또한 그의 전통 이해는 단지 그가 성령론을 근거로 하여 유대교의 전통 원리를 파괴한 결과로 생겨난 것이 아니라, 주후 1세기의 전통 사상 가운데서 특별히 새로운 것이다.[18]

자신의 복음을 높이 들린 주님의 종말론적 계시로 이해함으로써, 바울은 교리와 신앙고백, 윤리적 교훈 속에 들어있던 원시 그리스도교적 전통에 대해 상당한 자유를 누릴 수 있었다. 하지만 이와 같은 자유는 개인적 영감(靈感)을 근거로 하여 전통을

---

18) 같은 책, p. 164.

대수롭지 않게 생각하는 것을 의미하지는 않는다. 오히려 오고 있는 주님의 현재를 계시하는 복음은 지상적 예수와의 연속성을 필요로 한다. 이러한 연속성은 항상 새롭게 발견되어야 한다. 왜냐하면 그렇지 않을 경우에는 나사렛 예수 대신에 새로운 천상적 존재에 관한 신화가 등장할 위험이 있으며, 복음은 영지주의적 계시론으로 변하기 때문이다. 그러므로 예수의 이름으로 하나님의 현재와 미래를 기다리는 신앙인들에게 예수의 실제적 역사는 중요할 수밖에 없다. 높이 들린 예수와 지상적 예수의 이러한 동일성은 복음 속에서, 그리고 복음 선포의 과정 속에서 종말론적인 것을 역사적인 것과 결합하고, 미래의 계시를 회상과 결합한다. 그러므로 바울은 자신의 말대로 사람으로부터가 아니라 주님으로부터 받은 자신의 복음을 위해 예루살렘의 예수 전승과 부활 전승에 의한 확증, 즉 증명을 필요로 하였던 것이다(고전 15:3 이하).

하지만 바울이 역사적 전통을 받아들였다는 사실도, 그가 결국에는 자신의 복음을 전통적인 의미에서 이해했을 것이라는 가정을 뒷받침하지는 않는다. 그것은 분명히 그리스도론적 근거를 갖고 있으며, 종래의 전통 사상 혹은 그 밖의 전통 사상에 비해 새로운 것임을 의미한다. 부활한 예수와 십자가에 달린 지상적 예수의 연속성은 그에 관한, 그리고 그에게서 일어난 사건에 관한 역사적 증언들을 받아들이게 하였다. 그럼에도 불구하고 부활한, 그리고 미래의 주님으로 높이 들린 예수에 대한 부활절 경험은 과거로부터 내려오는 전승의 일방적인 연속성을 파괴하였다. 복음의 근본은 지나간 역사 속에서 만들어야 할—시간의 다리를 계속 이어가는—연속성이 아니라, 십자가에 달려 죽은 그리스도가 종말론적인 생명으로 부활한 사건이다.

복음의 근본은 허무의 강물 위에 영원의 다리를 이어가는 일이 아니라 역사의 목표를 선취하는 부활이다. 복음의 근본은 그리스도의 부활 안에서 다가오는 구원과 생명, 자유와 공의이다. 복음이 계시하는 이 사건이 선포의 과정에 이르기까지 결정적인 영향을 끼칠 수밖에 없다는 사실은 이해할 만하다. 그러므로 그리스도교의 복음 선포는 하나의 그리스도론을 내포하고 있다. 그것은 역사와 영원에 대한 보편적인 질문으로부터 생겨나지 않았다. 만약 복음이 해체되어가는 문명을—낭만적인 현대인들의 생각처럼 반(反)혁명적으로, 서구의 모습대로—지속시켜 주고 구원할 것이라고 기대한다면, 복음은 이방인의 신들과 이념들을 섬기는 꼴이 될 것이다.

(2) 만약 그리스도의 사건이 선포의 과정에 이르기까지 영향을 끼친다면, 이 과정은 어떠한 모습을 지니게 되는가? 그리스도교적 선포는 구약성서의 전승과 함께 미래의 전망을 공유하고 있다. 전승이란 앞을 향해 파송하는 것, 약속된 미래의 새로움을 향해 파송하는 것이다. 하지만 그리스도교적 선포의 새로움은

모든 민족들을 향한 그 보편적 사명에 있다. 그리스도교적 '전승'은 앞을 향해 파송하는 것이요, 멀리 파송하는 것이다. 그것은 조상들과 자손들을 연결하는 세대의 끈에 매달리지 않고, 모든 사람들을 향해 멀리 뻗어 나간다. 신앙의 확장은 출생을 통해서가 아니라 중생(重生)을 통해 일어난다.

이 사실은 다시금 바울의 사도직(使徒職)에서 특히 분명하게 드러난다. 그는 "회심" 이후에 이방인을 향해 보냄을 받았다는 확신을 가졌다(갈 1:15 이하; 롬 1:5). 복음을 선포한다는 것과 이방인을 향해 나아간다는 것은 동일한 사건이다.[19] 이 둘은 그의 그리스도 이해에 근거해 있다. 예수를 죽은 자들 가운데서 일으키신 하나님은 하나님이 없는 자들을 의롭다고 인정하신 하나님이다. 모든 사람들이 죄 아래 있듯이, 그리스도는 온 세상을 하나님과 화목케 하였다. 부활과 함께 하나님은 예수를 온 세계의 통치자와 화해자로 임명하셨다. 그의 선포의 보편적-포괄적 특징과 그 종말론적-선취적 전망은 조건없이 다가오는 보편적인 그리스도의 통치에 대한 그의 이해로부터 이해될 수 있다. 여기에는 분명히 구약성서적 사고가 들어 있다. 즉 구약성서에 의하면 이스라엘이 구원을 받은 후에야 비로소 일어날 것이라고 하던 바로 그 사건이 이방인을 위한 신앙의 순종 가운데 벌써

---

19) F. Hahn, *Das Verstandnis der Mission im Neuen Testament*, 1964, p. 80ff.

일어나기 시작한다. 바로 이 사건으로 말미암아 하나님의 종말론적인 영광이 세계에 드러나기 시작한다.

하지만 이스라엘의 희망의 순서가 이렇게 뒤바뀌는 것은 예수 자신의 활동과 메시지 안에 근거해 있다. 가까이 온 하나님의 나라는 죄인과 세리와 사귐을 나누는 그의 은혜로운 행위 안에서 생생하게 드러나고, 십자가에 달린 자의 부활 안에서 동터 오며, 하나님이 없는 자들을 의롭다고 인정하는 사건 안에서 효력을 발휘한다. 이것은 그리스도교적 선포의 과정과 그 '전승'에 어떤 영향을 미치는가?

그리스도교적 전승은 보존될 필요가 있는 것을 전달하는 일로 이해되어서는 안 된다. 그것은 죽은 자들, 하나님이 없는 자들을 다시 살리는 사건으로 이해되어야 한다. 그리스도교적 선포의 과정과 순서는 이방인들을 부르는 것, 하나님이 없는 자들을 의롭다고 인정하는 것, 살아 있는 희망으로 거듭나는 것이다. 그것은 허무한 자들, 버림받은 자들, 구원을 잃어버린 자들, 하나님이 없는 자들, 죽은 자들에게 일어나는 창조적인 사건이다. 그러므로 그것은 무로부터의 새로운 창조(*nova creatio ex nihilo*)라고 일컬어진다. 그 연속성(*continuatio*)은 오직 하나님의 확고한 신실함에 있다. 그 연속성은 감독직의 부단한 계승에 있기보다는 "흙으로 빚은 작은 인간"(*homunico quispiam e pulvere emersus*)에게 있다. 칼뱅(Calvin)은 장로를 그렇게 불렀다고 한

다.[20]

하나님이 없는 자들을 의롭다고 인정하고 부르는 과정 속에서 그리스도교적 선포가 지향하는 목표는 이것을 한번 더 분명히 보여준다: 그것은 옛날부터 부단히 인정되고 보존되어 온 것의 궁극적인 승리가 아니라, 하나님의 영광스러운 만물 통치를 위한 '죽은 자들의 부활'과 죽음을 극복하는 부활 생명의 승리이다. 그리스도교적 전통은 하나님이 없는 자들을 의롭다고 인정하면서 복음을 선포하는 것이다. 십자가에 달린 그리스도의 부활 안에서 세계 구원의 보편적인 미래에 대한 희망이 보증되어 있는 한, 복음 선포는 그리스도의 부활에 의해 가능해지고, 요구된다. 그러므로 복음 선포는 종말론적 선교와 동일하다.

앞에서 언급하였던 현대의 '전통 단절'은 이와 같은 그리스도교적 선포의 전통에 어떤 의미를 주는가? 낡은 고대의 전통은 이성과 사회의 해방으로 말미암아 무너지고 있다. 그리스도교적 선포의 전통도 현대에 이르기까지 이 전통 안에 머물러 있었다. 그러므로 그리스도교적 선포의 전통은 종교 시대의 이러한 전통과 함께 붕괴하고 이와 함께 낭만적으로 과거를 미화하는 것으로 이해되든지, 아니면 이 전통 이해로부터 철저하게 해방된다.

---

20) O. Noordmans, *Das Evangelium des Geistes,* 1960, p. 162.; Calvin, *Institutio* IV, 3, 1의 한 부분을 인용함.

그리스도교적 사명으로부터 보건대, 현대의 혁명적인 진보성에 맞서서 낭만적인 허무주의와 결탁할 이유가 전혀 없으며, 그리스도교적 희망에 지치고 불안해진 이 시대의 사람들에게 그리스도교적 전통을 전통성의 피난처로 제공할 이유도 전혀 없다.

이성과 사회를 역사적 전통으로부터 해방하는 일은 현대에 이르러 일종의 천년왕국적 열광주의에 의해 수행되고 있다. 이러한 시대에 그리스도교적 복음은 하나님이 없는 자들에게 칭의와 부활의 희망을 전달함으로써, 십자가에 달린 자의 미래에 대한 희망으로 응답해야 한다. 우리는 현대의 열려진 역사의 지평으로부터 영원한 질서와 영구한 전통으로 되돌아갈 수 없다. 오히려 우리는 이 지평을 부활의 종말론적 지평 안으로 수용해야 하며, 그리함으로써 현대의 역사가 갖는 그 진정한 역사성을 드러내어야 한다.

《희망의 신학》, 위르겐 몰트만, 이신건 옮김, (기독교서회, 2002), pp. 315-327.

다섯째 마당

하나님 나라의
기대 지평 안에 있는 그리스도교

'그리스도교'의 본질과 목적은 자기 자신과 자신의 독특한 생활 속에 있지 않다. 그리스도교는 자신을 넘어서는 그 무엇으로부터 살고 있으며, 바로 그것을 위해 존재한다. 만약 우리가 그리스도교적 실존의 비밀과 그 행동 방식을 이해하기 원한다면, 그의 사명에 대해 질문해야 한다. 만약 우리가 그 본질을 규명하기 원한다면, 자신의 희망과 기대가 걸려 있는 바로 그 미래에 대해 질문해야 한다. 만약 그리스도교가 새로운 사회적 상황 속에서 불확실하게 되고 갈피를 잡을 수 없게 되었다면, 다시금 자신이 무엇을 위해 존재하고 무엇을 지향하는지를 곰곰이 생각해 보아야 한다.

신약성서가 교회를 "종말론적 구원 공동체"로 이해하고, 공동체의 소집과 사명을 종말론적인 기대의 지평 안에서 말하고 있다는 것은 오늘날 널리 알려진 사실이다.[1] 부활한 그리스도는 사람들을 부르고, 보내고, 의롭다고 인정하고, 거룩하게 한다. 그렇게 함으로써, 그는 세계를 위한 그의 종말론적인 미래 안으로 사람들을 모으고, 부르고, 보낸다. 부활한 그리스도는 언제나 교회가 기다리는 주님이다. 실로 교회가 그리스도를 기다리는 것은 이 세계를 위함이지, 자기 자신을 위함이 아니다. 그러므로 그리스도교는 자기 자신의 힘으로, 그리고 자신을 위해 살아가는 것이 아니라 부활한 자의 통치로부터 살아가며, 죽음을 극복하고 생명과 공의와 하나님의 나라를 가져오는 자의 다가오는 통치로부터 살아간다. 이와 같은 종말론적 방향은 교회의 생존 근거와 그 목표 안에서 모두 드러난다. 교회는 하나님의 말씀으로부터, 선포되는 말씀으로부터, 통고하고 파송하는 말씀으로부터 살아간다. 이 말씀은 자체 안에 마술적인 힘을 갖고 있지 않다.

선포되는 말씀은 모든 관점에서 자신 앞에 놓여 있는 것을 지향한다. 말씀은 미래를 향해 열려 있다. 이 미래는 말씀 안에서 일어난다. 하지만 이와 동시에 이 미래는 말씀 사건을 통해 아직 성취되지 못한 것으로 인식된다.[2]

---

1) 이에 대해서는 O. Weber, *Grundlage der Dogmatik II*, 1962, p. 564f를 참조하라.
2) O. Weber, 같은 책, p. 570.

생명을 창조하고 신앙으로 부르는 말씀은 선포(Ankündigung)와 통고(Verkündigung)이다. 말씀은 최종적 계시를 선사하지 않고, 하나의 길로 인도한다. 말씀은 이 길의 목표를 약속하며, 이 목표는 오직 약속을 따르는 순종 가운데서만 달성될 수 있다. 종말론적이고 보편적인 미래의 약속인 말씀은 자기 자신을 넘어서 앞으로는 다가오는 미래를 지시하며, 밖으로는 광활한 세계를 지시한다. 약속된 미래는 바로 이 세계를 향해 다가온다. 그러므로 모든 선포는 바로 이와 같은 종말론적 긴장 안에 있다. 선포는 오직 그 효력이 드러나는 곳에서만 인정된다. 선포는 오직 진리의 미래를 통고하는 곳에서만 진실한 것으로 드러난다. 선포를 통해 전달되는 이 진리는 오직 신실한 기다림과 열정적인 갈망을 통해서만 소유될 수 있다.

이처럼 말씀은 자신의 미래를 향한 내적인 초월성을 지니고 있다. 하나님의 말씀은 그 자체로서 종말론적인 선물이다. 하나님의 말씀 안에서 세계를 향한 하나님의 은밀한 미래는 이미 현존한다. 하지만 그 미래는 약속과 일깨워진 희망의 양태(*Modus*)로 현존한다. 말씀은 그 자체로서 종말론적 구원이 아니라, 다가오는 구원으로부터 종말론적인 적합성을 획득한다. 하나님의 말씀의 진리는 하나님의 영의 진리와 같다. 즉 하나님의 말씀은 미래의 선수금(先手金)이며, 더 큰 것을 지시하고 인도하기 위해 그것에 매어 놓는다.

이와 같은 진리는 세례와 성만찬에도 해당한다. 세례도 역시 자기 자신을 넘어선다. 이미 일어난 그리스도의 죽음에 따라서 세례를 받은 사람은 부활한 그리스도가 인도할 하나님 나라의 미래에 대한 확증을 얻는다. 교회는 오직 종말론적인 공동체로서만 세례 집행의 권리를 갖는다. 다시 말하면, 교회는 오직 미래를 향한 개방성으로부터만 이러한 법적인 행위와 창조적인 행위에 대한 정당성을 얻는다. 성만찬도 이처럼 신비적으로, 제의적으로 이해될 것이 아니라, 종말론적으로 이해되어야 한다. 성만찬 공동체는 절대자의 거룩한 현존을 소유한 자가 아니라 기다리고 기대하는 공동체요, 오고 있는 주님과의 사귐을 추구하는 공동체다. 그러므로 교회는 그리스도의 부활을 근거로 하여 하나님의 나라를 기다리는 공동체로, 그리고 이러한 기다림을 통해 자신의 생활을 결정해 나가는 공동체로 이해되어야 한다.

만약 교회가 주님의 미래를 바라본다면, 그리고 언제나 기다림과 희망 중에서 오직 자신 앞에 있는 주님의 오심으로부터만 자기 자신과 자신의 본질을 받아들인다면, 세계 속에서 이루어지는 교회의 생활과 고난, 활동과 행동도 세계를 위한 희망의 열린 공간에 의해 결정되어야 한다.[3] 의미심장한 행동은 언제나 오직 기대의 지평 안에서만 가능하다. 만약 그렇지 않다면, 모든

---

3) 벤틀란트도 이와 비슷하게 생각한다. H. D. Weldland, *Ontologie und Eschatologie in der christlichen Soziallehre*: in: Botschaft an der soziale Welt, 1959, p. 141ff.

결단과 행위는 절망의 나락으로 떨어질 것이며, 몰이해와 무의미 속에서 허탕을 치게 될 것이다. 오직 의미심장한 기대의 지평이 드러날 때, 자기 자신을 비우고 객관화하며 스스로 부정의 고통 속으로 들어갈 수 있는 가능성과 자유가 인간에게 열릴 것이며, 이러한 일을 하는 중에도 그는 자신의 자유로운 주체성을 투입하고 양도하는 것을 불평하지 않을 것이다. 오직 생활의 실현이 기대의 지평에 의해 지탱되고 포착될 때, 이 실현(Verwirklichung)은 더 이상—낭만적인 주체성의 경우처럼—자유의 상실(Verwirkung)로 포기되지 않고, 생명을 얻는 일이 될 것이다.

그리스도의 파송에 순종하는 교회는 그리스도를 본받아 세계를 위한 봉사도 실천한다. 교회는 오직 세계를 향한 파송을 구체적으로 실천함으로써만, 십자가에 달리고 부활한 그리스도의 몸이 될 수 있다. 교회의 실존은 봉사의 실천에 전적으로 달려 있다. 그러므로 교회를 위한 교회는 아무것도 아니다. 교회의 본질은 전적으로 다른 사람들을 위한 봉사에 있다. 세계를 위한 공동체가 됨으로써, 교회는 하나님의 공동체가 된다. 그런데 "세계를 위한 교회"라는 이와 같은 현대적 용어는 매우 애매한 용어이다. 이것은 실로 인격적 신앙이나 교회 공동체 혹은 제도적 교회가 현대 사회가 실용적으로 기대하는 사회적 역할을 충실히 이행한다는 뜻으로 이해될 수 있을 것이다.

하지만 "세계를 위한 교회"는 무분별한 연대성과 막연한 동정이 아니라 하나님의 뜻과 소원대로 세계를 위해 봉사하는 것과 세계 안에서 활동하는 것이다. 하나님의 뜻과 소원은 그리스도의 파송과 사도직 속에서 드러난다. 온 인류에 대한 교회의 개입(介入)은 선교 속에서 실현된다. 이러한 파송은 오고 있는 하나님의 나라, 오고 있는 공의와 평화, 오고 있는 자유와 인간의 존엄성의 종말론적인 기대 지평 안에서 일어난다. 교회가 인류를 섬기는 목적은 이 세계가 지금의 상태 그대로 머물러 있거나 보존되기 위함이 아니라, 이 세계가 변하여 자신에게 약속된 바로 그것이 되기 위함이다. 그러므로 "세계를 위한 교회"란 오직 "하나님의 나라를 위한 교회"와 세계의 갱신을 의미할 수밖에 없다.[4] 그리스도인이 인류를, 구체적으로 말하자면, 교회가 사회를 정의와 생명, 인간성과 사회성이 실현되는 종말론적인 기대 지평 안으로 받아들일 때, 그리고 교회가 자신의 역사적 결단 속에서 이 미래를 위한 개방성과 수용성, 탄력성을 세계에 전달할 때, 세계의 갱신은 일어난다.

일차적으로 세계의 갱신은 부활의 능력으로부터 이루어지는 하나님의 새 창조의 약속을 세계의 방방곡곡에 전파하기 위해 복음을 선포하는 가운데 일어난다. 복음 선포는 교회와 교직자

---

4) 이것은 네델란드 개혁교회의 "Fundamenten en Perspektiven van Belijden"(1949년)의 제8항과 제13항과 그에 상응하는 Kerkorde(교회 정관)의 제8항 "van her apos-tolaat der Kerk"에 분명히 드러난다.

들의 지배권을 확장하는 것이나 절대자 숭배를 통한 이런 특권의 재획득과는 전혀 무관하다.

> 오늘날 선교는 오직 사람들을 희망으로 감염시키는 일을 함으로써만 자신의 임무를 수행한다.[5]

선교의 목적은 세상을 변혁하기 위해 세상을 향해 오고 있는 하나님 나라의 생생하고 활기찬 희망을 일깨우는 데 있다. 하나님의 나라를 희망하는 자는 고난도 기꺼이 감수한다. 이것은 단지 특수한 교직자들만의 임무가 아니라 모든 그리스도인들의 임무이다. 모든 그리스도인들은 세계를 향해 희망의 사도직을 수행하며, 바로 여기서 자신의 본질을 발견한다. 즉 희망의 사도직을 통해 그들은 참으로 하나님의 교회가 된다. 교회는 그 자체로서 세계의 구원이 아니다. 그러므로 세계를 교회로 만드는 일이 곧 구원일 수는 없다. 교회는 세계의 다가오는 구원을 위해 봉사하며, 마치 세계를 향해 날아가는 화살처럼 미래를 향해 나아간다.

선교를 통해 하나님의 약속을 선포한다는 것은 무엇을 의미하는가? 그것은 그리스도교적 선교의 구약성서적 배경으로부터

---

5) J. C. Hoekendijk, *Mission-heute*, 1954, p. 12.

드러난다. 구약성서의 예언, 특히 이사야와 제2이사야에 의하면 이스라엘이 구원을 얻고 시온이 건설된 다음에야 비로소 일어나리라던 바로 그것이 그리스도인들의 희망의 선교 속에서 벌써 일어나기 시작한다. 유대인과 이방인, 헬라인과 야만인, 노예와 자유인이 신앙 속에서 순종하고, 이를 통해 종말론적인 자유와 인간적 존엄성을 얻게 됨으로써, 임박한 하나님의 나라가 그리스도의 부활과 함께 실현되어간다. 만약 이처럼 그리스도교의 복음 선포의 근거가 되는 예언자적, 종말론적 배경이 진지하게 고려된다면, 그리스도교적 선교의 목적도 분명해질 수밖에 없다. 선교는 하나님과의 화해(고후 5:18 이하), 죄인의 용서와 불신앙의 극복을 목표한다.

하지만 구원(σωτηρια)은 구약성서적 의미에서 샬롬(평화)으로도 이해되어야 한다. 구원은 단지 영혼의 구원, 악한 세상으로부터의 개인적 구원, 양심의 시련 속에서의 위로만이 아니라 종말론적 희망(정의로운 희망)의 실현, 인간의 인간화, 인류의 사회화, 온 피조물과의 평화이기도 하다. 하나님과의 화해의 이러한 '다른 측면들'[6]은 교회사에서 항상 푸대접을 받아왔다. 왜냐하면 교회는 자기 자신을 더 이상 종말론적으로 이해하지 않았기 때문이며, 현세적-종말론적 희망을 열광주의자들에게 넘겨

---

6) W. Dirks, *Frankfurter Heft,* 1963, p. 92.; W.-D. Marsch, *Glauben und Handeln,* MPTh 52, 1963, p. 281f.

주었기 때문이다.

그럼에도 불구하고 오직 화해의 이러한 '다른 측면들'로부터만 교회는 자율적인 사회가 요구하는 종교의 사회적 기능, 즉 사회적 책임을 덜어주는 기능을 극복할 수 있으며, 인간의 공적, 사회적, 정치적 생활의 형성을 위한 새로운 자극제가 될 수 있다. 만약 그리스도적 선교가 야웨 기자의 아브라함 약속(창 12:3)과 이사야(사 2:1-4; 25:6-8; 45:18-25; 60:1-22)의 예언자적 종말론의 배경 위에서 모든 사람들에게 신앙의 의(義)를 전파할 뿐만 아니라, 종말론적 기대가 지금 생생하게 실현될 수 있는 길을 열어 준다면, 이와 같은 종말론적 지평 안에서는 단지 이방인들의 신앙적 순종만이 드러나는 것이 아니라 구약성서가 기대하는 축복과 평화, 공의와 생명의 충만함도 드러난다(롬 15:8-13 참조). 이것은 강한 자와 약한 자, 노예과 자유인, 유대인과 이방인, 헬라인과 야만인을 새로운 공동체로 결합하는 사랑의 능력 안에서 선취된다.

《희망의 신학》, 위르겐 몰트만, 이신건 옮김, (기독교서회, 2002), pp. 349-354.

여섯째 마당

예수와 하나님의 나라

I. 하나님의 나라와 예수

예수를 믿는 자는 하나님의 나라를 믿는다. 이것은 피할 수 없는 사실이다. 왜냐하면 예수의 일은 '하나님의 나라'였고 또 지금도 그러하기 때문이다. 하나님의 나라를 구하고 "정의와 평화가 입맞추는"(시 85:11) 나라를 구하는 자는 예수를 바라보아야 하고, 그의 현존 안에서 일어났고 또 그의 영 가운데서 지금도 일어나고 있는 역사를 깊이 들여다보아야 한다. 그것은 명백하며 손으로 잡는 것과 같다. 왜냐하면 그는 인격으로 온 하나님의 나라이기 때문이다.

예수와 하나님의 나라, 하나님의 나라와 예수, 이 둘은 뗄 수 없이 서로 속해 있다. 예수는 그 자신의 독자적 방법으로 하나님의 나라를 우리 인간들에게 가져다 주며, 우리를 하나님 나라의 넓이와 깊이로 안내한다. 그리고 하나님의 나라는 예수를 우리 모두를 위한 그리스도, 구세주와 해방자로 만든다. 그러므로 우리가 신비스러운 "하나님의 나라"가 본래 무엇인지를 알고자 한다면, 예수를 바라보아야 한다. 다른 한 편으로 우리가 예수가 본래 누구인지를 이해하려고 한다면, 하나님의 나라를 경험해 보아야 한다.

II. 하나님의 나라: 성서적 전망들

만약 본문이 의미하는 뜻과는 다르게 생각하게 하는 개념들을 골라 번역한다면, 번역 때부터 이미 얼마나 많은 불행이 생겨나는가? 하나님의 나라는 그리스어로 '바실레이아 투 테우'이다. 우리가 이를 어떻게 번역해야 좋을까? 만약 우리가 '하나님의 나라'를 말하면, 많은 사람들은 '로마 제국'이나 '독일 제국'을 생각한다. 어쨌든 그것은 '거룩한 나라'이다. '나라'는 분명히 공통되는 법과 공동의 정부를 갖고 남녀 시민들이 '나라의 동지들'로서 살고 있는 한 영역이다. 사람들이 제한된 영역을 생각할 때는, '선의 나라'와 '악의 나라' 그리고 '두 나라' 즉 '영적인 나라'와 '세상적인 나라'에 대해 말한다. 그러나 나라를 '하나님'과 연결시킨다면, 두 나라나 더 많은 나라가 존재할 순 없다. 왜냐하면 하나님은 한 분이고 그 외에는 다른 하나님이 존재할 수 없기 때문이다.

대략 100년 이래로 '하나님의 나라' 대신에 '하나님의 주권'이 널리 사용되었다. 이것은 더 역동적인 어감을 갖게 한다: 하나님은 통치하는 자이기 때문에 주(主)이다. 그리고 그가 통치하는 모든 곳은 그의 나라이다. 그럴 듯하지만 썩 좋진 않다. 왜냐하면 우리는 개인적으로, 직업적으로 그리고 정치적으로 너무나 많은 형태의 '권력 장악' 아래 신음했기에, 우리는 '하나님의 주권'을 열망하는 일에 조심하게 되었기 때문이다. 그렇지만 이런 다른 통치와 비교할 때, 하나님은 도대체 어떻게 통치하는지, 그리고 그의 충직한 남녀 종들인 우리가 뭔가 할 말이 있지 않는지를 사람들은 알고 싶어한다. 하나님이 오직 '주'여야 한다는 사실을 아마도 남자들은 좋아할지 모르겠다만, 민감해진 여성들은 이 속성을 지나친 요구라고 느낀다. 그들은 형제와 자매로 받아들여지길 원한다.

신약성서를 열어 보면, 우리는 거기에 '하나님의 나라'에 대한 아무런 정의(定義)도 없음을 발견하게 된다. 예수는 나라의 '개념'을 그 어디에서도 명확하게 설명하지 않았다. "개념이 뜻하는 바를 … 예수는 익히 아는 걸로 전제했다"고 최근의 한 독일의 회고록은 말하고 있다. 사람들은 그렇게 생각할 수도 있겠지만, 그 말은 맞지 않다. 예수는 오래되거나 새로운 하나님 나라의 '개념'을 결코 전해주지 않았다. 그는 하나님의 나라를 친히 가져왔다. 이것이야말로 크나큰 차이다. 삶의 올바른 개념들을 정의하는 것과 올바르게 사는 것은 완전히 다르다. 그리고 하나님의 나라를 '개념으로 옮겨 놓는 것'과 하나님의 나라를 경험하고, 느끼고, 보고, 맛보는 것은 완전히 다른 일이다. 개념이 경험을 규정해서는 안 되고, 경험이 개념을 규정해야 한다. 만약 그렇게 하지 않는다면, 우리는 순수한 개념들 이전에는 전혀 새로운 경험을 더 이상 하지 못하게 될 것이다.

그러므로 '예수의 일'을 위하여 개념들은 우리가 방금 설명한 자리에 그대로 놓아두기로 하고, 일(Sache) 자체로 시선을 돌리기로 하자. 예수는 자신의 일을 어떻게 설명했기에 "하나님의 나라가 우리 가운데 있다"고 말할 수 있었는가? "우리는 그 말씀을 듣고 눈으로 보고 실제로 목격하고 손으로 만져 보았습니다. 그 생명의 말씀이 …"(요일 1:1)라고 소리쳤던 사람들은 그의 '일'을 어떻게 경험했는가? 우리는 '보는 것-판단하는 것-행동하는 것'의 방법에 따라 네 가지의 성서적 전망들을 가지고 시작하자. 그리고 다섯 가지의 신학적 질문들과 대답들을 논의하고, 끝으로 경험으로부터 실천적 귀결들을 탐색하기로 하되, 하나님의 나라를 기대하면서 그리하자.

예수의 독특함은 그가 하나님의 나라를 자연세계와 인간세계로부터 나온 비유들로써 설명했다는 사실이다. 우리는 비유들 속에서 개념이 전혀 줄 수 없는 하나님의 나라를 알게 된다. 예수의 병자 치유로 깊이 들어가자. 왜냐하면 이 기적들은 하나님 나라의 기적들이기 때문이다. 소외된 '죄인들과 세리들'과 함께 한 예수의 식탁 교제를 주목하자. 왜냐하면 그것은 하나님의 나라 안에서 먹고 마시는 것을 뜻하기 때문이다. 마지막으로 하나님 나라의 근본 강령인 산상의 축복을 청종하자.

1. 비유들에 나타난 하나님의 나라

마가복음 4장에서 우리는 인간과 자연의 관계로부터 나온 비유군을 볼 수 있다. 씨 뿌리는 자, 저절로 자라는 씨와 겨자씨의 비유가 그것이다. 이것은 시작의 모형들, 희망의 생명과정이다. '씨 뿌리는' 자가 씨를 땅에 뿌리는 것은 그것이 자라서 열매를 맺기를 바라기 때문이다. 하나님의 나라도 이와 같다: 씨가 자라서 열매를 맺기 위하여 우리의 생명 속에 뿌려진다. 시작은 미미하나 '하나님으로부터' 출발한 것이기 때문에, 결과는 창대하고 놀라운 것이 될 것이다. 하나님 나라의 씨앗도 겨자씨처럼 '우리 중에서 제일 작은 것'이다.

하지만 이것이 자라서 큰 나무가 되면, 하늘의 새들이 그 안에서 쉴 곳을 찾는다. 씨는 자동적으로, 제 힘으로 주야로 자란다. 그 내면적 힘은 가지와 이삭 그리고 밀밭으로 뻗어 나간다. 우리가 단지 이차적 의미만이 아니라 원래의 의미도 살펴보면, '하나님의 나라'가 자연의 재생과 같음을 보게 된다. 그러기에 마가복음 13장 28절 이하는 하나님의 나라를 '여름'과 비교한다. 자연 자체가 비유가 된다: 봄에는 나무가 푸르게 되고 꽃들이 피어나며 밭에서 씨들이 자라나듯이, 하나님의 나라도 창조의 완연한 봄이다. 새 생명이 시작되고, 모든 만물이 소생하며 열매를 맺는다. 비유들이 가을과 겨울이 아닌 봄과 여름에서 취해진 것은 진기하다. '나고 죽는' 자연의 순환으로부터 하나님의 나라를 위한 비유의 시작만이 취해진 것이다.

왜 그런가? 하나님의 나라는 영원한 생명을 위한 만물의 새 창조에 다름 아니기 때문이다. 자연으로부터 취해 온 비유들은 하나님의 나라를 매우 감각적으로 만들어 준다. 나는 장미의 향기를 맡고, 하나님 나라의 향기를 맡는다. 나는 빵과 포도주를 맛보고, 하나님의 나라를 맛본다. 나는 꽃이 만발하게 핀 들판을 거닐고, 모든 것이 자라나서 활짝 필 하나님의 나라를 느낀다. 이 나라는 모두에게 넉넉한 것이 되는 나라이다.

누가복음 15장에서 우리는 다른 비유군을 접한다: 잃어버리고 찾은 비유-잃어버린 양, 잃어버린 은전, 잃어버린 아들.

목자가 그의 양 아흔 아홉 마리를 세워 두고 잃어버린 양 한 마리를 다시 찾았을 때 기뻐하는 것과 마찬가지로, 회개할 것 없는 의인 아흔 아홉보다 "죄인 한 사람이 회개하는 것"(15:7)을 하늘에서는 더 기뻐할 것이다. 두 번째로 여인의 비유, 즉 잃어버린 은전을 찾다가 발견한 여인의 비유가 나오는 것이 아름답다. 다시금 같은 말이 나온다:

이와 같이 죄인 하나가 회개하면 하나님의 천사들이 기뻐할 것이다."

이어서 잃어버린 아들의 비유가 나온다. 여기서 아버지의 기쁨이 하도 커서 그는 이렇게 말한다:

죽었던 내 아들이 다시 살아왔다. 잃었던 아들을 다시 찾았다(15:24).

예수의 복음의 요약도 언제나 다시금 다음과 같이 말한다:

하나님의 나라가 가까이 왔다. 회개하라!

그렇다면 회개란 무엇인가? '회개'라는 단어는 우리의 언어사에서 그 의미가 너무나 많이 변해 버렸기 때문에, 예수가 말한 내용을 번역하기에는 아주 쓸모 없게 되었다. 왜냐하면 우리는 '회개'를 일종의 처벌이나 보상으로 이해하기 때문이다. 이 비유들이 본래 의미하는 바는 무엇인가? 잃은 양을 찾자, 찾은 자는 그의 노력이 허사가 아니었음을 기뻐한다. 잃은 은전은 잃어버린 일에나 찾은 일에 하등의 그 무엇도 행할 수 없었다. 기쁨은 전적으로 오로지 여인에게만 있었다. 끝으로 잃은 아들은 '잃었다가 다시 찾았을' 뿐만 아니라 '죽었다가 다시 살아났다.' 이 비유들에서 하나님의 나라는 무엇을 의미하는가? 그것은 하나님이 잃었던 자신의 피조물들을 다시 찾은 일로 기뻐하는 것에 다름 아니다. 그리고 '죄인들이 행하는 회개'가 무엇인가? 그것은 '발견됨'과 멀리 떠난 상태에서 '집으로 되돌아옴', '다시 살아남'과 하나님의 기쁨에 참여함에 다름 아니다. 이러한 일들이 우리에게 일어날 때, 우리가 봄의 꽃들과 나무들처럼 번창하고 푸르질 때, 그리고 우리가 온갖 생명을 낳는 크고 무진장한 사랑을 느끼기 때문에 다시 살아날 때, 하나님의 나라는 경험된다. 우리가 우리들을 향해 기뻐하는 하나님의 생명의 희구를 경험하고, 우리들의 생명의 영들이 다시금 자라날 때, 바로 그 곳에서는 '하나님의 나라'가 낯선 통치가 아니라 생명의 샘이다. 그 곳에서 하나님의 나라는 더 이상 아무런 억압이 존재하지 않기에 우리가 마음껏 뻗어나갈 수 있는 넓은 공간이다. 우리가 하나님의 나라를 이처럼 경험한다면, 우리의 생명의 가능성의 충만함을 다시금 깨닫게 될 것이다.

2. 병자 치유에 나타난 하나님의 나라

복음서에 따르면, 사람들이 예수에게서 처음으로 경험한 것은 하나님의 영의 구원 능력이었다. 그러므로 복음서에 따르면, 예수 가까이 있던 사람들은 바울에게서처럼 '죄인들'이 아니라 병자들로 나타난다. 그들은 사람들에 의해 밀려들어갔던 구석진

곳과 그늘진 곳으로부터 나와 예수에게 접근한다.

> 해가 지고 날이 저물었을 때에, 사람들이 병자들과 마귀 들린 사람들을 모두 예수께 데려 왔으며, 온 동네 사람들이 문 앞에 모여들었다. 예수께서는 온갖 병자들을 고쳐 주시고 많은 마귀들을 쫓아내셨다(막 1:32 이하).

'마귀들'은 인격적으로 표상된 혼란과 파괴의 세력들이다. 이들은 고통을 주는 것을 임무로 삼는다. 메시야가 오면, 이 고통의 영들은 땅에서 사라지고 사람들은 다시금 건강하고 건전하게 살 수 있게 된다고 옛 유대교의 희망은 말한다. 기적적인 병자 치유는 고대에 종종 있었다. 현대의 과학적인 의학세계에도 이런 일이 존재한다. 그러나 예수에게서 이것은 특별한 지평 안에 자리잡고 있다: 이것은 하나님 나라의 도래에 속한다. 살아 계신 하나님이 창조세계로 오면, 그 때에 고통의 세력들은 필히 물러가며, 고통 당하던 피조물들은 건강해진다. 살아 계신 하나님의 나라는 죽음의 세균을 몰아내며, 생명의 씨앗을 퍼뜨린다. 그것은 종교적인 의미의 구원만이 아니라 육체적으로 경험할 수 있는 건강도 가져온다. 병든 사람들의 치유에서 하나님의 나라는 육체적인 현상이 된다. 영은 병들어 누워 있고 죽을 수밖에 없는 것을 살린다. 비록 오늘날 우리 중의 많은 이들은 친히 그와 비슷한 것을 경험해 보지 않았기 때문에, 이런 병자 치유의 사건들을 개인적으로 접할 순 없지만, 그것을 도움 삼아 하나님의 생명력이 우리의 신체를 관통하리라는 것을 이해할 수는 있다. 그리고 하나님 나라의 유기적인 측면을 파악하게 된다.

하나님이 오셔서 혼란해진 세계를 새롭게 할 때, 병자들이 건강해지고 병의 유발자가 사라진다는 것은 그다지 놀랄 일이 아니라 자명한 일이다. 모든 치유는 '하나님 나라의 기적'이다. 만물의 새 창조의 영광 안에서 그것은 "기적"이 아니라 아주 자명한 것이다. 그렇지만 하나님의 나라에 대한 위대한 희망을 잃어버리고 더 이상 앞을 향해 볼 수 없는 자에게는 이러한 치유사건이 망각할 수 있는 동화가 되고 말 것이다. 그러나 하나님 나라의 희망이라는 틀 안에서는 이것을 망각할 수 없다. 왜냐하면 이 틀 안에서 그것은 희망을 상기시켜 주는 요인이 되기 때문이다.

모든 중병들이 죽음의 전령(傳令)이듯이, 우리는 예수의 병자치유도 전령으로 이해해야 한다. 그것은 곧 부활의 전령이다. 이죽어야 할 생명이 영원한 생명으로 다시 태어날 때면, 예수가 병자 치유에서 행한 것이 비로소 완성된다. 모든 중병 속에서 우리는 죽음과 씨름한다. 모든 치유 속에서 우리는 부활과 같은 것을 체험한다. 즉 우리는 '새롭게 태어난 것처럼' 느끼며, '생명을 다시 선사받았음'을 느낀다. 이처럼 우리가 아직 경험하지 않았기 때문에 상상할 수 없는 것, 즉 죽은 자들의 부활과 미래

세계의 생명이 일어날 때면, 그러한 것이 이루어질 것이다. 그러한 부활 속에서 하나님의 나라는 완성되는데, 그 씨앗을 예수는 자신의 말씀을 통하여 우리의 귀에, 그리고 치유를 통하여 우리의 몸에 심는다. 질병을 바라볼 때 '하나님의 나라'는 치유이고, 죽음을 바라볼 때 그것은 부활이다.

예수는 병자를 치유함으로써 하나님의 나라를 자신의 일로 삼았다. 이것은 진리이긴 하지만, 반쪽 진리에 불과하다. 왜냐하면 병자들이 자신에게 온 사실을 통하여 예수 자신도 나름대로 하나님의 나라가 무엇인지를 경험했기 때문이다. 예수는 하나님의 구원능력을 자신이 마음대로 사용할 수 있는 소유물로 갖지 않았다. 특별한 상황에서는 치유가 일어나지 않았으며, 다른 상황에서는 전혀 아무것도 일어나지 않았다. 그의 고향 나사렛에서 "그는 한 가지 일도 행할 수 없었다"고 마가복음 6장 5절은 말한다. 어떤 조건 아래서 예수의 구원 능력은 힘을 발휘했는가?

어떤 사람이 한 병든 아이를 예수에게 데려 왔을 때, 예수는 아이 아버지에게 선언했다: "믿을 수만 있다면! 믿는 사람에게는 안 되는 일이 없다." 아이의 아버지는 울면서 대답했다: "저는 믿습니다. 그러나 제 믿음이 부족하다면 도와주십시오"(막 9: 23-24). 이처럼 약간은 믿지 못하는 믿음만으로도 족하다. 예수가 "아이의 손을 잡아 일으키자, 아이는 벌떡 일어났다." 병든 자의 이야기는 더욱 더 강하게 말한다: "하혈증으로 앓고 있던 여자"(막 5:25 이하)가 있었다. 그 여자는 군중 속에 끼어 따라가다가 뒤에서 예수의 옷에 손을 대었다. '그의 옷에 손을 대기만 해도 병이 나으리라'고 그 여자는 생각했던 것이다. 당대의 사람들이 생각한 대로, 그 여자는 신체적 접촉으로 인하여 예수를 '부정하게' 만들었지만, 예수로 인하여 그 여자의 병이 치유되었다. 예수는 '곧 자기에게서 기적의 힘이 나간 것을 느꼈다.' 그는 이 여자를 보고 말했다: "여인아, 네 믿음이 너를 살렸다. 병이 완전히 나았으니 안심하고 가거라." 그는 자신의 의지와는 상관없이 자신에게서 나오는 구원능력을 경험했고, 병자들의 믿음을 통하여 이런 구원 능력을 알게 되었다. 그는 병자들의 기대를 증대시켰고, 이런 분위기 속에서 하나님의 나라가 현실적으로 무엇인지를 배웠다.

'하나님의 나라'는 예수와 병자들 사이에서, 그의 능력과 사람들의 믿음 사이에서 일어나는 것이라고 우리는 말할 수 있다. 이 둘은 필히 함께 속해 있다. 이 둘이 함께 오면, 우리는 성령을 경험했다고 말할 수 있다. 하나님 나라의 현재는 그러한 영적 경험 안에 있다. 이 영적 경험의 미래가 곧 하나님의 나라이다. 그러므로 우리는 오늘날 우리를 살리는 하나님의 현재적인 영 안에서 오고 있는 하나님의 나라를 경험한다.

3. 예수의 교제에 나타난 하나님의 나라

예수가 가난한 자들에게 하나님의 나라를 전파했듯이, 그가 병자들에게 하나님의 능력을 베풀었듯이, 그는 불법적이고 불의한 자들―성서에서 '죄인과 세리'라고 칭해지는 자들―에게 하나님의 나라를 가져 왔다. 그는 이 점을 그들과의 교제를 통하여 공개적으로 과시했다. "저 사람은 죄인들을 환영하고 그들과 함께 음식까지 나누고 있구나!"라고 선량한 집단이 화내며 말했다. 그러나 예수는 가까이 온 하나님 나라의 지평 안에서 불의한 자들과의 이러한 식탁교제를 통하여 하나님의 나라 안에서 먹고 마시는 것을 앞당겨 왔다.

이런 불의한 자들과 함께 '의로운 자들이 식사' 할 수 있단 말인가? 그렇다. 왜냐하면 그는 자신의 자비를 통하여, 나중에 바울이 이를 표현했다시피, 그들에게 하나님의 은혜의 의(義)를 베풀고 그들을 '의롭게 했기' 때문이다. 이 점은 '환영했다'는 단어에 이미 나타나 있다. 내쫓기고 배척당한 자들은 자존심을 깊이 손상당한다. 우리는 '마지막 쓰레기'처럼 여겨진다. 그리고 이런 판단을 받는 자는 자신을 멸시하고 미워하기 시작한다. 그러나 이러한 상황에서도 자신에게 희망을 걸고 있기에 조건없이 자신을 받아들이고 인정해 주는 자를 발견하는 사람은 스스로 격려받고 있음을 느끼고, 구원받은 것처럼 느낀다. 멸시받는 자들을 환영하는 것은 예수가 '죄인과 세리'에게 전해준 사회적 치유이다. 이처럼 하나님의 나라는 억압받고 천대받는 자들의 세계로 들어와서, 자기 멸시의 정신적 감옥을 열어 준다.

그렇지만 한 편으로는 이런 '죄인과 세리'와 같이 배척당한 사람들이 있듯이, 다른 한 편으로는 무엇이 옳고 그르며 누가 선하고 악한 지를 가리는 의인들과 선인들이 있다. 부의 소유가 가난한 자를 '가난하게' 만들듯이, '선의 소유'가 악인을 악하게 만든다. 예수가 '죄인들을 환영하고 그들과 함께 음식까지 나누었다'면, 그는 선한 사람들의 눈에 스스로 죄인이 되었든지, 아니면 사회의 가치 기준을 온통 혼란시킨 혁명가였을 것이다. 그렇지만 그는 죄인들을 '의롭게 함으로써', 선한 자들과 의로운 자들도 구원했다. 왜냐하면 그는 그들을 자기칭의(自己稱義)로부터 건져내었기 때문이다. 죄인들을 받아들이는 자는 의인들도 받아들일 자세를 갖추고 있다. 그렇지만 의인들을 의인으로서가 아니라 죄인으로서 받아들인다. 한 사람을 구원하고 다른 사람을 심판하므로써 모두가 함께 평화롭게 살도록 하는 것은 은혜의 동등한 권리이다.

4. 가난한 자들과 어린이들의 나라

이 세상에서 하나님 나라의 '기본 강령'은 예수의 산상설교이고, 그 봉우리는 가난한 자들에게 축복을 선언한 것이다: "하늘 나라가 그들의 것이다." 바울과 종교 개혁자들에게서 '죄인의 칭의'라고 불린 것이 예수에게서는 가난한 자들에게 축복을 선언한 것이다. 복음이 가난한 자들에게 선포되었으니, 이 세상에서 아무것도 아니고 아무것도 갖지 않은 그들에게 먼저 선포된 것이다. '가난한 자들'이라는 총괄 개념은 주린 자, 실업자, 노예된 자, 낙담한 자 그리고 슬퍼하는 자를 포함한다. 이것은 억눌린 백성 자체, 그리스어로는 '오클로스'이고, 한국말로는 '민중'이다. '가난한 자들'이란 사회적으로 '얼굴이 없는 자들', '노동력', '인간자본'이다. 그리고 대개 '가난한 자들 중에서 가장 가난한 자들'은 '아무 쓸모 없다'고 말해지는 나이든 여자였고 지금도 그렇다.

사회의 다른 한 편에는 단순히 '부자들'이 있는 것이 아니라, 가난한 자들을 가난하게 만들고 그들의 희생 위에 배불리거나 약한 자들을 쉽게 억누르는 '폭력가들'이 있다. 다시금 예수는 자신의 메시지와 행동으로써 부자를 더 부하게 만들고 가난한 자들을 더 가난하게 만드는 폭력적인 사회 내의 사회적 갈등 안으로 들어간다. 다시금 하나님 나라의 복음은 이 갈등 안에서 편을 든다. 그것은 부자들도 구원하고 그들을 자기 만족에서 구해내기 위하여 가난한 자들의 편을 든다.

복음은 가난한 자들에게 무엇을 가져다주는가? 그것은 그들에게 아무런 자선도 행치 않으며, 그들을 다른 사람들처럼 부자로 만들지도 않는다. 이것은 그들에게 새로운 존엄성을 가져다주며, 강한 충격을 준다. 가난한 자들은 더 이상 억압과 비하의 고통당하는 객체가 아니라 하나님의 첫 자녀들의 존엄성을 갖는 주체이다. 예수는 가난한 자들에게 하나님의 눈으로 볼 때 파괴될 수 없는 존엄성의 확신을 준다. 이런 확신을 갖고서 가난한 자들, 노예들 그리고 매매의 대상이 된 여성들은 먼지를 털고 일어나 자립하게 된다. 이들은 그들에게 매일 "너희들은 실패자야! 너희는 이런 일을 하지 못했어! 너희는 아무 데도 쓸모 없어!"라고 설득시키는 사회의 가치체계를 거부한다. 그들은 머리를 들고 살기 시작하며, 곧바로 걷기 시작한다. 유용한 사회의 그런 가치체계를 수용하는 것은 가난한 자들에게 항상 가장 무거운 거침돌이다. 왜냐하면 그것은 자기 멸시를 낳기 때문이다. 믿음은 이런 자기 증오를 걷어치우고, 굴복당한 자들을 일으켜 세운다. "하늘 나라가 너희 것이다."

이것은 그들로 하여금 잠잠히 행동하게끔 만드는 위로가 아니라, 일어서서 하나님 나라의 자녀들로서 이 폭력적인 세상에 평화를 가져다주라는 격려이다. 예수는 가난한 자들을 사회적 봉기로 이끌어서 그들도 남들처럼 잘 살게 하지는 않는다. 그는 오천명을 먹인 사건이 보여 주듯이, 나눔의 문화가 통용되는 공동사회의 길로 그들을 인도한다.

예수와 그의 남녀 제자들은 당대의 가난한 자들에게 하나님 나라의 미래를 선포했다. 왜냐하면 그 나라는 이미 가난한 자들의 것이기 때문이다. "가난한 사람들은 복이 있다. 하늘 나라가 그들의 것이다"(마 5:3). 예수는 가난한 자들에게서 하나님의 나라를 발견했다. 가난한 자들은 그에게 하나님의 나라를 보여 주었다. 어린이들에게도 사정은 마찬가지니, 그는 하나님의 나라가 이미 '어린이들의 것'임을 선포했다(마 19:14). 그는 하나님의 나라에 들어가려는 사람은 '어린이와 같이' 되어야 함을 그들에게서 발견했다. 그러기에 실제로 가난한 자들로부터 나오는 하나의 무언의 초대가 있다. 사람들이 이것을 '가난한 자들을 통한 복음화'라고 부르든 아니면 '가난한 자들의 메시아니즘'이라고 부르든, 그것은 중요하지 않다. 그리고 어린이들이 하나님의 나라로 부르는 매우 단순하고도 말없는 초대도 있다.

우리로부터 예수의 복음 안에 있는 하나님의 나라를 듣는 자는 다시금 가난한 자들, 여자들과 아이들과의 사귐에서 똑같은 그 나라를 발견한다. 하나님에게서는 이런 꼴찌가 첫째이며, 이런 가장 약한 자들이 가장 강한 자들이다. 누구에게 행동해야 할지를 아는 것은 좋은 일이다. 우리에게 하나님의 나라를 가까이 가져온 자는 우리에게 가난한 자들과 어린이들도 가까이 데려왔다. 이들은 그의 가족이요 그의 백성이다. 왜냐하면 그들도 이 폭력적인 세상에서 하나님의 나라를 대변하기 때문이다.

III. 신학적 해명

이제 우리는 이러한 성서적 통찰들을 근거로 삼아서 '하나님의 나라'와 관련되어 늘 반복해서 제기되는 몇 가지의 신학적 질문들에 대해 답하려고 한다.

1. 하나님의 나라는 현재적인가 미래적인가?

하나님의 나라는 경험의 대상인가 아니면 기대의 대상인가? 대답은 이미 말한 바에 따라 어렵지 않다. 그것은 예수의 교제 안에서 현재적인 경험의 대상이다. 병든 자들이 건강하게 되고, 잃은 자들을 다시 찾게 되고, 멸시받는 자들이 환영받으며, 가난한 자들이 그들의 존엄성을 발견할 때, 얼어붙은 자들이 생기를 되찾고, 늙고 고단한 생활이 다시 젊어지고 활동을 할 때, 바로 거기에 하나님의 나라가 시작된다. 하나님의 나라는 씨처럼 시작된다. 그 배아(胚芽)는 이미 현재의 삶 속으로 선사되었다. 그래서 하나님의 나라는 경험될 수 있다. 그러므로 그것은 또한 경험의 대상이다. 그러나 이것은 확고히 뿌리내린 희망의 경험과 회상 속에 있다. 씨는 자라고, 떠난 자들은 귀향하고, 질병으로부터 나은 자들은 죽음으로부터 일어나며, 억압에서 해방된 자들은 자유의 나라에서 살기를 바랄 것이다. 하나님의 나라는 예수의 교제 안에서 현재적으로 경험할 수 있기 때문에, 그 완성은 미래에서 기대될 수 있다. 경험과 희망은 서로를 강화한다.

2. 하나님의 나라는 세상 나라처럼 차안적인가? 아니면 피안적인 하늘 나라인가?

하나님의 나라를 피안적인 것으로 이해하려는 자들은 항상 예수의 말 "내 왕국은 이 세상 것이 아니다"(요 18:36)를 지적한다. 여기서 그들은 이 말이 하나님 나라의 기원에 관한 말이지 그 장소가 아님을 간과하고 있다. 물론 하나님의 나라는 이 세상으로부터 나오는 것이 아니라 하나님으로부터 나온다. 만약 그렇지 않다면 그것은 병든 세상을 구원하지 못할 것이다. 그러나 하나님의 나라는 예수 안에서 그리고 그를 통하여 이 세상 안에 있다. 예수가 그 말을 했을 때, 인격 안에서 온 하나님의 나라는 로마 제국의 총독 본디오 빌라도 앞에 서 있었다. 하나님의 나라가 창조주 하나님의 나라라고 한다면, 이것은 온 창조세계, 하늘과 땅, 이 세계의 보이지 않는 면과 보이는 면을 포함한다.

그러므로 하나님의 나라는 하늘에서 피안적이면서도 동시에 땅에서 차안적이기도 하다. 주기도문에서 우리는 하나님의 나라가 "하늘에서 이루어진 것 같이 땅에서도" 이루어지길 기도한다. 여기서 하늘이란 하나님과 이미 전적으로 일치하는 창조의 측면을 의미하고, 땅이란 아직도 싸우고 있는 창조의 측면을 의미한다. 하나님 나라의 미래로부터 우리는 새 하늘과 새 땅을 기다린다. 실로 이 땅을 배제한 구원은 없다. 하나님의 나라는 예수 자신과 같이 그처럼 지상적인 것이며, 땅의 마지막을 바라보는 자는 다음과 같이 말하게 될 것이다: 하나님의 나라는 그리스도의 십자가와 분리될 수 없도록 이 땅 안으로 심겨졌다. 십자가에 못 박힌 자의 부활과 더불어 신음하는 온 피조물의 거듭남(중생)이 시작되었다. 그러므로 "땅에 충실하라!"는 말은 타당하다. 왜냐하면 땅은 그럴 만한 가치를 지니기 때문이다!

3. 하나님의 나라는 오직 하나님만의 일인가? 아니면 인간의 일이기도 한가? 우리는 아무 것도 행할 수 없는가? 아니면 우리도 메시야적인 업적을 수행할 수 있는가?

"하나님의 나라는 하나님의 일이다"라고 말하면서 교회가 흔히 이로부터 결론내리는 것은, "인간은 이 나라를 세울 수 없고 필요하지도 않다"(막데부르크 선언, 1988년 10월)는 점이다. 하나님과 인간의 이러한 평화로운 분리는, 근대의 서구 세계가 하나님과 인간의 자유 사이에서 양자택일하는 점에서부터 볼 때에는 이해할 만한 것이다. 하지만 이런 분리는 신약성서가 예수에 관해 말하는 모든 것을 폐기시켜 버린다. 이런 분열 안에서 예수는 어디에 머물고 있는가? 그는 하나님이었는가? 그는 인간이었는가? 그는 신인, 인간이 된 하나님이 아니었는가? 모든 그리스도교의 신앙고백은 결국 이 점을 말한다. 그렇다면 첫 문장은 그릇된 것이다. 다음과 같이 말해야 한다. "하나님의 나라는 예수의 일이다."

예수와의 교제 안에서 사람들은 이미 말한 대로, 하나님의 나라를 감각적으로 그리고 육체적으로 경험했다. 그것도 잠정적으로 그리고 모호하게 경험한 것이 아니라, 치유받은 병자처럼, 환영받은 죄인처럼 그리고 잃었다가 찾은 자처럼 분명히 경험했다. 하나님의 나라는 예수의 일로서 실제적으로 경험될 수 있다. 또한 이것은 실제적으로 인간에 의해 실천될 수도 있다. "하나님의 나라와 그의 의를 먼저 구하라." 예수의 교제 안에서 하나님의 능력은 경험된다. 이 경험을 통하여 인간은 '하나님의 나라를 위한 동역자'가 되고, 예수 자신과 같은 메시야적 업적을 행한다:

> 가서 하늘 나라가 다가왔다고 선포하여라. 앓는 사람은 고쳐 주고 죽은 사람은 살려 주어라. 나병환자는 깨끗이 낫게 해 주고 마귀는 쫓아내어라(마 10:7 이하).

예수의 의도에서 실로 하나님의 나라는 우리 자신의 일이기도 하다. 그래서 19세기에 이 세상 안의 그리스도인의 선교적, 봉사적 행위가 "하나님 나라의 일"이라고 불린 것은 정당하다. 함부르크의 불량아들을 위한 요한 힌리히 비헤른(Johann Hinrich Wichern)의 오두막 집(Rauches Haus), 구스타프 베르

너(Gustav Werner)가 동지애로써 조직한 베델의 공장, 베델의 장애자들을 위한 보델쉬빙흐(Bodel-schwingh)의 섬김의 구상, 이런 것들은 '하나님 나라의 일'이었다. 다른 예들로서 나는 동경의 빈민가에서 이루어진 가가와의 '하나님 나라의 운동', 라틴 아메리카의 바닥 공동체 운동 그리고 독일의 평화운동을 들고 싶다. 도처에서 '하나님의 나라'는 우리로 하여금 교회의 한계를 넘어서게 한다.

그리고 근대의 개신교인의 노동정신과 관련해서도 중요한 점을 덧붙여야 한다. 바로 이러한 하나님 나라의 일 때문에, 또 그래서 그것과 나란히 하나님의 나라를 위한 즐거움도 존재하는데, 이것은 하나님의 안식일과 축제일에서 나타난다. 바르게 거행된 안식일은 유대인의 이해에 따르면 하나님 나라의 '육십 분의 일(1/60)'이며, 성공한 모든 하나님의 축제일은 이것보다 더 크다. '기도와 노동'은 좋은 것이지만, 여하튼 '안식과 축제'는 완성에 속한다.

4. 하나님의 나라는 다른 세계인가 아니면 이 세상이 달라진다는 것을 의미하는가?

많은 사람들은 하나님의 나라를 이 세상의 종말 후에 오게 될 다른 세계로 생각한다. 많은 사람들은 영생을 이생에 뒤따라올 사후의 다른 생명으로 생각한다. 그러나 이런 생각은 하나님의 창조를 착각하고 깎아내리는 생각이다. 이 새 창조는 하나의 다른 창조가 아니라 이 혼란한 세상의 새 창조이다. 영생은 다른 생명이 아니라 이 생명이 하나님의 생명 안으로 부활하는 것이다.

> 이 썩을 몸은 불멸의 옷을 입어야 하고 이 죽을 몸은 불사의 옷을 입어야 합니다(고전 15:53).

그러므로 하나님의 나라는 이 세상이 달라질 것이며 폭력과 불의로부터 정의와 평화로 거듭난다는 것을 의미한다. 그러므로 하나님의 나라는 종교적, 도덕적 혹은 영적 영역에 제한될 수 없다. 그것은 창조주 하나님의 나라로서 이 부요한 창조 세계처럼 매우 보편적이고 매우 다채로우며 다양하다. 비록 우리가 그 중에서 씨와 배아, 아침의 깨어남, 질병치유를 경험할 뿐이지만, 우리는 만물의 새 창조를 제한하고 하나님의 나라를 시장경제나 세계 정치로부터 배제할 권리가 전혀 없다. 생명이 위협받는 곳이라면, 어디서나 살아 계신 하나님은 개입한다. 왜냐하면 그는 생명을 사랑하기 때문이다.

5. 하나님의 나라는 신정정치인가 아니면 살아 계신 하나님과의 연합인가?

'하나님의 나라'를 '하나님의 통치'로 번역하면, '신정정치'

(神政政治)라는 의미가 강하게 투영된다. 그러나 '예수의 일'은 모든 피조물이 창조주의 교제 안에서 소생한다는 점을 강조한다. 하나님의 나라, 이것은 더 이상 억압이 존재하지 않는 큰 영역이다. 만약 하나님의 이런 자유공간이 없다면, 인간의 자유도 없다. 하나님의 나라, 이것은 다음과 같이 말해도 좋은 채워진 시간, 순간이다:

머물러 다오, 너는 참으로 예쁘구나.

이는 그 분이 정말로 머물러 계시고 끝이 없는 분이시기 때문이다. 하나님의 나라, 그것은 자신의 창조물 안에 거하며 이를 자신의 거처로 삼는 안식하는 하나님이다. 모든 창조물은 그의 식구가 될 것이다. 하나님의 나라, 이것은 하나님이 가까이 있고 온전히 임재하며, 자신도 그의 창조물의 속성, 그 무상성, 허약성과 사멸성에 참여하기 때문에, 그의 창조물로 하여금 자신의 속성, 영광과 아름다움, 생명과 선함에 참여하게 한다는 것을 의미한다. 하나님의 나라, 이것을 우리는 이미 여기서 사랑 안에서 경험한다. 왜냐하면 "사랑 안에 있는 사람은 하나님 안에 있으며, 하나님은 그 사람 안에 있기"(요일 4:16) 때문이다. 그래서 우리는 구원받은 창조물이 하나님 안에 있고, 기뻐하는 하나님이 창조물 안에 있을 것을 기대한다. 나는 이러한 이해를 그리스도교적인 하나님의 나라 이해라고 부른다. 그리스도가 인격 안에서 온 하나님의 나라라면, 하나님의 나라가 하나님의 우주적 성육화(成肉化)가 아니고 도대체 무엇이란 말인가? 만약 예수에게서 발견하는 이런 그리스도교적 하나님의 나라 이해가 없다면, 신정정치적인 이해는 내용이 공허해질 것이며, 성직주의적으로나 정치적으로 오용될 것이다.

IV. 먼저 하나님의 나라를

> 너희는 먼저 하나님의 나라와 그의 의를 구하라, 그러면 이 모든 것도 곁들어 받게 될 것이다(마 6:33).

예수에게서 하나님의 나라는 그의 일상생활의 봉우리에 있다. 우리에게서는 항상 거듭 다른 일이, 대개는 자신의 관심이 중간에 끼어든다. 그러나 하나님의 나라를 항상 우리 생활의 첫자리에 놓는다는 것은 무엇을 의미하는가? 나는 이 세상 안에서 볼 수 있는 다양한 하나님 나라의 형태들의 오래된 표상을 취하긴 하지만, 이 표상으로부터 불변하는 질서라는 정적인 면을 벗겨내고자 한다. 그렇게 하기 위하여 나는 이 다양한 삶의 영역에서 도대체 어떤 의미에서 하나님의 나라를 추구할 수 있겠는지를 더 구체적으로 언급하고자 한다. 그것은 다음과 같은 것이다.

1. 인간의 제반 관계와 상황을 인간화하는 것.
2. 정치를 민주화하는 것.
3. 경제를 사회화하는 것.
4. 문화를 자연화하는 것.
5. 교회를 하나님의 나라로 길들이는 것.

(1) 혼인, 가족, 우정과 인간관계는 인간을 인간답게 하는 일에서 가장 친밀한 영역이다. 남자와 여자, 부모와 자녀 그리고 여자 친구와 남자 친구 사이에서 온갖 비인간적인 요소가 직접적으로 손상을 주기 때문에, 함께 살고 서로에게 영향을 미치는 관계 속에서 인간이 되고 그리스도인이 되는 임무가 주어진다. 사랑의 기술은 습득될 필요가 있다. 우리는 서로간의 기쁨을 통하여, 죄용서의 경험을 통하여 그리고 항상 놀라운 새로운 시작의 기적 속에서 사랑을 배운다. '아무런 억압이 없는 큰 영역'에서 우리는 서로를 받아들이며, 함께 성장하며, 서로로 인해 뻗어나간다. 우정도 사랑에 속하는데, 우정은 남에 대한 애착을 그(그녀)의 자유존중과 결합시킬 줄을 안다. 이것은 남의 비밀과 아직 완성되지 않은 그의 가능성을 존중하는 것이다.

사랑이 끝장나면, 우리는 서로에 관해 고정된 인상을 만든다. 우리는 서로 판단하고 서로간에 적대적인 관계를 굳힌다. 이것은 죽음이다. 그러나 사랑은 이러한 인상으로부터 해방시키고, 남에게 미래를 열어준다. 우리는 서로를 위하여 희망을 가지며,

그래서 우리는 서로를 기다린다. 이것이 인생이다. 인간의 관계는 혼인과 가족보다 더 큰 것이다. 그것은 모든 사회의 토대이다. 여기서 '예수의 일'에 입각하여 판단한다면, 한 사회가 좋은 사회인지는 가장 연약한 구성원을 어떻게 대하느냐에 따라서 가려진다. 측은하게 여기는 권리는 단지 자선과 봉사의 일부분만이 아니고 인간답기를 요구하는 모든 사회의 근본 원리에 속한다. 사회적 입법과 체계화된 건강 시설은 가난한 자들의 부담과 병든 자들의 지원에 따라 판단되어야 한다. 한 사회의 인간성을 알아보려는 자는 감옥에도 가 보아야 한다. 십자가에 못 박힌 그리스도의 눈을 가진 사람은 사회를, 말하자면 '아래로부터' 본다.

(2) 정치의 민주화는 인권과 시민법으로부터 나오는 프로그램이다. 이것은 인간이 국가를 위해 존재하는 것이 아니라 국가가 인간을 위해 존재하도록 국가 기관을 조직한다. 국가 권력과 권력 행사는 오늘날 오로지 인간의 존엄성과 인권을 기초로 해서만 정당화될 수 있다. 이 점은 한 국가의 국내 정치만이 아니라 그 국제 정치에도 해당된다. 국가 권력과 권력 행사는 인권에 의해 제한되며, 이것을 넘어 갈 경우에는 그 정당성을 상실한다. 그래서 바르멘 신학선언의 다섯 번째 명제는 다음과 같이 말한다:

교회는 하나님의 나라, 하나님의 계명과 공의를 환기시키고, 그와 함께 통치자와 피통치자의 책임을 환기시킨다.

나의 생각에 의하면, 하나님의 나라에 대한 환기는 통치자와 피통치자로 하여금 ABC-무기들(역자주: 방사능-생물-화학무기들)로써 세계를 파멸시키는 방법으로 가상적인 적들에게 '공포심을 주는' 일을 하지 못하게 막는다. 그러나 나의 생각에 의하면, 하나님의 나라에 대한 환기는 다른 나라에서 인권이 짓밟힐 경우에 그 나라의 국내문제에 개입하도록 만든다.

(3) 경제의 사회화는 재산 몰수와 국가화가 아니라 노동시장과 소득의 공정한 분배를 의미한다. 이 분배는 물론 경제활동에 참여하는 모든 사람들, 다시 말하면, 남자와 여자 그리고 현 세대와 오는 세대의 사람들을 위한 것이다. 모든 사회마다 체결된 사회계약이 있다. 그러나 체결되지 않은 세대 계약도 있다. 나의 생각에 의하면, 그것은 오늘날 다음과 같은 것이다:

a) 이 사회의 횡적인 면에서 노동시장과 생활능력을 공정하게 분배하는 것.
b) 현 세대와 오는 세대의 종적인 면에서 노동시장과 생활능력을 공정하게 분배하는 것. 어린이들은 가장 연약한 구성원들이고 미래 세대들은 오늘의 결정에 전혀 참여할 수

없기 때문에, 오늘의 소득을 위한 비용은 그들에게 떠맡겨진다. 이것은 하나님 나라의 정의에 어긋난다.

(4) 우리 문화의 자연화, 이것이 말하고자 하는 것은 오늘날 시급히 요구되는 '생태계의 개혁'이다. 지금까지의 문화는 자연을 정복하고 자연을 인간에게 유익하도록 만드는 일을 지향해 왔다. 인류가 살아 남기를 원한다면, 앞으로의 문화는 땅의 우주적인 환경조건들 안으로 통합되고, 동료 피조물의 고유한 권리를 존중해야 할 것이다. 자연환경은 인간 자신을 위한 인간의 파괴적 이용으로부터 보호되어야 한다. 모순되게 들리겠지만, 다음과 같은 말은 사실이다: 인간이 더 이상 자신의 중심에 서지 않을 때에만, 인류는 살아 남을 기회를 가진다. 인간은 창조의 면류관이 아닐 뿐더러, 모든 것이 인간을 위하여 창조된 것도 아니다. 인간은 '영원한 영광을 노래하는' 하늘과 꼭 마찬가지로 하나님을 찬양하도록 큰 창조의 사귐 안에 창조된 피조물이다.

(5) 현대의 교회가 하나님의 나라를 내향적으로 자신에게 길들이는 대신에 다시금 교회가 외향적으로 하나님의 나라에 길들여져야 한다. 교회는 자기 자신을 위해서가 아니라 '예수의 일'을 위해 존재한다. 교회의 모든 자기에 대한 관심―존속, 영향력 증대―은 하나님 나라에 대한 관심에 종속되어야 한다. 그렇지 않을 경우에, 교회는 그 정당성을 잃는다. 교회의 정신과 조직이

하나님의 나라에 부응할 때, 그 때에 그리스도의 교회가 존재한다. 만약 교회가 하나님의 나라에 부응하지 않는다면, 교회는 모든 존재의 정당성을 잃게 될 것이며, 없어도 무방한 종교단체가 되고 말 것이다. 교회를 하나님의 나라에 길들이는 것은 오늘날 복음화와 해방을 의미한다.

하나님이 교회를 파송하는 것은 이 세상의 모든 사람들에게, 그러나 첫째로는 가난한 사람들에게 하나님 나라의 복음을 선포하기 위함이요, 그리하여 이 세상에서 그 나라를 세우고 미래에 영생을 보증하는 신앙을 일깨우기 위함이다. 또한 하나님이 교회를 파송하는 것은 억눌린 사람들에게 자유를, 멸시받는 사람들에게 인간의 존엄성을, 권리를 상실한 사람들에게 권리를 가져다주기 위함이다. 믿음으로 상한 심령을 일으켜 세우는 것과 상처난 몸을 고쳐 주는 것이 서로 보완하듯이, 복음화와 해방은 서로 보완한다. 이것은 라틴 아메리카, 아시아와 아프리카의 바닥 공동체와 민중교회의 복음이다.

그리스도의 선교 분부와 혁명적인 명령, 회개의 설교와 경제와 정치의 불의한 상황을 더 나은 정의로 변혁시키는 것, 하나님과의 평화와 평화로운 세계를 위한 투쟁, 이 양자는 불가분리하게 함께 속해 있다. 하나님의 나라가 가까이 오는 곳에, 하나님의 백성이 모인다. 그리하여 하나님의 백성은 하나님 나라의 메시지를 선포하며, 세상으로 하여금 돌이켜 구원받도록 인도한다. 교회는 복음화하고 해방시키는 공동체이다. 만약 그렇지 않다면 교회는 그리스도의 교회도 아니고 도무지 교회도 아니다. 이 결론들을 더 첨예화해서 말한다면 다음과 같다.

a) 먼저 하나님의 나라를-그리하면 교회도

'교회는 장차 어떻게 될까?' 염려하고 묻는 남녀 신학자들, 남녀 목사들 그리고 모든 이들에게 말하건대, 교회를 잊고 하나님의 나라를 생각하라. 그의 의를 구하라. 그리하면 살아 있는 교회도 저절로 너희에게 주어질 것이다!

b) 먼저 하나님의 나라를-그리하면 국가도

국가의 안전을 염려하거나 자신의 권력에 신경 쓰는 남녀 정치가들, 남녀 시민들과 모든 이들에게 말하건대, 국가를 잊고 하나님의 나라와 그의 의를 생각하라. 그리하면 너희는 국가권력을 제한하고, 국가 권력으로 하여금 사람들과 자연의 권리에 봉사할 수 있게 만들 것이다.

c) 먼저 하나님의 나라를-그리하면 경제도

우리 나라의 국민총생산의 성장을 위해 일하는 남녀 기업가들, 남녀 노동 조합원들, 남녀 생산자들, 남녀 소비자들과 모든 이들에게 말하건대, 소득과 성장을 잊고 하나님의 나라와 그의 의, 제3세계 국가들과 우리 제1세계의 그늘에 있는 가난한 백성을 위한 정의를 생각하라! 다음 세대들의 정의를 생각하라! 우리가 그들을 위해 노동하지 않는가? 자연을 위한 정의를 생각하라! 우리가 그로부터 생명을 얻지 않는가? 느긋하게 생각하고 조급하게 생각하지 말라. 그리하면 '영속적인 발전' 저절로 너희 모두에게 주어질 것이다.

d) 먼저 하나님의 나라를- 그리하면 자신의 정체성도

자기 자신과 자신의 생활 때문에 염려하고 스스로 불안해하는 모든 이들에게 말하건대, 뒤로 물러서지 말고 뛰어들고 참여하라! 오직 하나님의 나라를 발견한 자만이 자기 자신을 발견할 것이며, 자신에게 진실하고 참으로 자신을 발견한 자가 하나님의 나라를 발견할 것이다. 왜냐하면 하나님의 나라는 너희 가운데, '우리 안에' 매우 깊은 곳에도 있기 때문이다. 하나님의 나라에 참여하고, 그리스도가 그의 날에 완성할 만물의 거듭남에 관해 뭔가 이미 오늘 중에 보여 주어라. 살아 활동하라. 그리하면 너희가 생명을 얻을 것이다!

《오늘 우리에게 그리스도는 누구신가?》, 위르겐 몰트만, 이신건 옮김, (기독교서회, 1997), pp. 15-42.

일곱째 마당

그리스도의 부활: 세계를 위한 희망

> 만일 그리스도께서 다시 살아나지 않으셨다면, 우리가 전한 것도 헛것이요, 여러분의 믿음도 헛 것일 수밖에 없을 것입니다(고전 15:14).

이러한 강한 말로써 바울은 그리스도의 부활이 그리스도교 신앙을 위해 갖는 근본적인 의미를 강조하고 있다. 그리스도의 부활과 함께 그리스도교 신앙은 서고 넘어진다. 왜냐하면 죽은 자 가운데서 부활한 사건을 통하여 하나님은 예수를 그리스도로 만들었으며, 자신을 "예수 그리스도의 아버지"로 드러내었기 때문이다. 하나님 신앙과 그리스도 신앙은 이 점에서 합치되며, 그 이후로부터 그리스도교 신앙에서 분리할 수 없게 되었다.

그리스도인은 하나님 때문에 예수를 믿으며, 예수 때문에 하나님을 믿는다. 하나님 신앙과 그리스도 신앙을 분리하는 자는 더 이상 그리스도교를 이해하지 못한다. 그리스도교의 하나님 신앙은 부활신앙이다. 이것은 오직 비유와 상징 안에서만 그리스도교 초기의 신화적 세계상과 관련 맺고 있다. 우리의 경험에서 부활신앙은 모든 생명체가 겪게 되는 죽음의 숙명과 대결하고 있다. 부활신앙은 사랑하는 자와 죽어가는 자, 고난받는 자와 슬퍼하는 자의 하나님 신앙이다. 그것은 위로하고 일으켜 세우는 위대한 희망이다.

그러므로 하나님은 믿지만 그리스도의 부활은 믿지 않는 그리스도인들이 있다는 사실은 유감스러운 일이다. 그들에게서 예수는 시대의 진보와 함께 항상 까마득한 역사적 과거로 가라 앉는 역사적 인물이 된다. 예수를 이와 같이 역사로 환원하는 자유주의적인 관점에서 볼 때, 이슬람교와의 차이는 단지 한 발자국일 뿐이다. '하나님은 믿는다, 하지만 예수는 믿지 않는다' 라는 태도는 그리스도교적으로 불가능하다.

다른 한편으로 여러 가지의 이론적이거나 개인적인 이유로 더 이상 하나님을 전제로 출발하지는 못하지만 "나사렛 출신의 남자"에 대한 확실한 동정을 간직하는 그리스도인들도 있다. 이것은 실존주의자 알버트 까뮈(Albert Camus)와 맑스주의자 밀란 마코비취(Milan Macho-vec)의 '무신론자들의 예수'이다. 그렇다면 하필이면 왜 인류에게 중요한 인물인 부처, 소크라테스와 부처가 아니고 오직 예수여야만 하는가? "하나님은 믿지 않는다. 하지만 예수는 믿는다"라는 태도도 그리스도교적으로 불가능하다.

우리는 하나님 신앙과 그리스도 신앙을 서로의 관점에서 상호해석하는 길을 택하고자 한다. 우리는 첫째로, 원시 그리스도교의 부활 보도를 고찰함으로써 시작한다. 그리고 우리는 둘째로, '역사와 부활'에 대한 현대인의 질문에 주목하고자 한다. 우리는 우리가 희망해도 좋은 것이 무엇이며, 우리가 해야 할 것이 무엇인지 살펴보고자 한다. 셋째로, 우리는 '역사'라고 일컫는 '현대 세계'의 패러다임을 버리고, 그것을 넘어서 '현대 이후의(포스트모던) 세계'의 패러다임, 즉 '역사와 자연', 인간의 역사와 자연에 대한 생태학적 이해로 넘어가고자 한다. 우리는 그리스도의 부활의 빛 안에서 지구의 미래를 질문하며, 이를 위해 고대 교회의 '물리적 구원론'을 다시 채택한다. 그리하여 우리는 그리스도의 몸과 우리 자신의 몸에 대한 새로운 이해에 도달하고자 한다.

I. 부활신앙의 특징

예수는 공개적으로 십자가에 못박혔고 그래서 사망했다. 그러나 그의 '부활'을 체험한 자들은,.오직 예루살렘의 그의 무덤을 찾아간 충성스러운 여인들과 갈릴리의 도주한 제자들뿐이다. 그 후에 이들은 예루살렘으로 되돌아 왔고, 십자가에 못박힌 예수가 하나님이 죽은 자들 가운데서 일으킨 세상의 주님과 구주라고 공공연히 선포했다. 이것은 비교적으로 확실한 역사적 증거이다. 놀랍게도 이 증거는 충분하다. 물론 그 가운데서 역사적으로 입증할 수 있는 것은 단지 예수의 빈 무덤에서 천사로부터 그의 부활소식을 들었다고 하는 여인들과 갈릴리에서 그리스도의 현현(顯現)을 보았다는 제자들의 확신뿐이다.

예수의 죽음 후에 분명히 대단히 많은 그의 남녀 제자들은 그의 현현을 접했으며, 이 현현은 예수를 하나님 안에서 영원히 살아 있는 그리스도로 보게끔 했다. 바울은 55년이 아니면 56년에 기록된 고린도전서(우리가 가지고 있는 가장 오래된 부활 증언)에서 그리스도가 게바, 12제자들 그리고 500명의 형제들에게 한 번 출현했다는 자료를 들고 있다. 마지막으로 그는 자기 자신을 추가하고 있다. 바울의 보도는 특별히 가치가 있다. 왜냐하면 그는 그리스도의 현현에 대한 자기 자신의 경험의 한 인격적인 보도이기 때문이다. 그의 말에 따르면, 바울은 주님을 "보았다"(고전 9:1). 그렇지만 이것은 분명히 하나의 내적인 경험이다. "하나님께서는 은총으로 나를 택하셔서 그의 아들을 나에게 나타내 주셨습니다"(고전 1:15 이하). 이 현현은 기대 밖에 그리고 완전히 그 자신의 뜻과는 상반되게 주어졌다. 왜냐하면 그는 하나의 랍비요, 회당에서 그리스도를 핍박하도록 위임받은 자였기 때문이다. "나는 그리스도에게 붙들렸다"(빌 3:12)고 그는 말한다. 그리스도 경험이 그를 완전히 회심시켰다.

만약 우리가 무덤가의 여인들과 갈릴리의 제자들의 그리스도 경험과 같은 그러한 예외적인 환상들을 완전히 표상할 수 있다면, 그다지 다르게 표상하지는 않을 것이다. 모두가 한 목소리로 사망한 그리스도를 '산 자'로 보았다고 보도한다. 그들은 모두 예수가 그들의 사망할 생명 안에서 '나타난' 그러한 하나님의 영원한 영광 안에서 살아 있다고 말한다. 그들은 초자연적인 빛의 환상들을 보았던 것이다.

그러나 이와 함께 이미 해석이 시작된다. 여하튼 이 경험의 실체를 주관적인 인간의 해석에서 벗겨내어 벌거벗은 사실로서 드러내는 것은 애당초 불가능하다. 그렇게 하다 보면, 단지 비역사적인 추상화 작업만이 남게 될 것이다. 게다가 벌거벗은 사실은 말을 할 수 없다. 모든 인지행위에서 주어진 경험은 사람이 이미 품고 있는 표상들과 함께 해석된다. 이런 표상들이 인지의 과정에서 스스로 변화를 겪는 것도 사실이다. 예상을 뒤엎는 경험에서 이 점은 특히 그러하다. 만약 그렇지 않다면, 사울이 바울로 변화될 수는 결코 없었을 것이다. 여기서 말하는 그리스도 경험은 분명히 실존을 변화시키는 경험이었다. 이 경험은 실망과 공포 때문에 살기 위하여 예루살렘에서 갈릴리로 도주한 엉터리 제자들을 변화시켜, 예루살렘으로 되돌아와 그리스도를 '아무런 보상도 바라지 않고' 전하려고 거기서 목숨을 건 사도로 만들었다.

환상의 현상은 분명히 탈혼적인(엑스타시스적인) 영적 경험과 결부되어 있기 때문에, 이 현상은 갓 태어난 교회의 오순절 경험으로 이전되어 그 안에서 계속되었다. 즉 현현한 그리스도의 임재 인식이 영 안의 그리스도의 임재 경험으로 변화되고 계속되었다. 원시 그리스도교의 부활신앙은 단지 그리스도의 현현에만 근거를 둔 게 아니고, 적어도 하나님의 영 경험에 의해서도 강하게 감동받았다. 그러므로 바울은 이 하나님의 영을 "살리는 영" 혹은 "부활의 영"이라고 부른다. 부활한 그리스도를 신앙하는 것은 부활의 영에 사로잡히는 것을 의미했다.

바울은 자신이 경험한 그리스도 현현을 '계시'라는 표현으로 해석하며, 그래서 그 경험에 특별한 의미를 부여한다: 하나님은 현 시대의 인식 가능성에는 아직 숨겨져 있는 것을 미리 드러낸다. '종말의 비밀'과 다가오는 하나님의 새로운 세계의 비밀은 가려져 있으며, 지금 주어진 인식 조건 아래서는 인식될 수 없다. 왜냐하면 죄 아래 있는 현 세계와 세상 권세는 하나님의 의의 새로운 세계를 감당할 수 없기 때문이다. 그러므로 하나님의 의는 이 세계를 새로이 창조할 것이다. 그리스도 현현은 피안세계로의 신비적인 도피로 이해된 게 아니라, 새로운 세계의 첫 창조일에 나타나는 하나님의 다가오는 영광의 서광으로 이해되었다(고후 4:6). 더욱이 그것은 찬란히 밝은 날의 온갖 환상이지, 밤의 희미한 꿈이 아니다. 그리스도 현현과 그것을 목격한 자들의 부활절의 바라봄의 구조 안에서 우리는 해석적 인지 행위의 세 가지 차원을 인식할 수 있다.

(1) 전망적인(앞을 바라보는) 희망의 환상: 그들은 하나님의 다가오는 영광의 서광 안에서 십자가에 못박힌 예수를 살아 있는 그리스도로 보았다.
(2) 회상적인(뒤를 바라보는) 기억의 환상: 그들은 십자가 흔적과 빵을 떼는 사귐을 보고서 다시금 그를 인식했다. 장차 올 자는 골고다에서 십자가에 못박혔던 자이다.
(3) 반성적인(자기를 되돌아보는) 소명의 환상: 그들은 이 바라봄에서 사도로 부름받은 자신의 소명을 깨달았다: "내 아버지께서 나를 보내 주신 것처럼 나도 너희를 보낸다"(요 20:21).

II. 역사의 전망에서 본 부활

그리스도의 부활을 역사의 전망 안에서 보는 것도 하나의 사실적 접근이다. 여기서 불가피하게 하나의 질문이 생겨난다: 부활은 하나의 역사적 사건인가 아니면 신앙의 해석인가? 그렇지만 역사를 그리스도의 부활의 전망 안에서 보는 것도 하나의 사실적 접근이다. 그렇다면 수난사의 종말과 이 세계의 새 창조에 대한 종말론적 질문이 생겨난다.

1. 역사: 현대의 패러다임

17세기 이래로 유럽에서는 인간과 자연, 하나님과 세계를 해석하기 위하여 "역사"라고 하는 포괄적인 패러다임이 전개되었다. 과학기술 문명이라는 인간적인 기획 안에서 우주와 지구의 법칙들과 합일하려는 대신에 과거의 낡은 시대로부터 미래의 새 시대로 진보하려는 기획이 등장했다. 다른 민족들에 대한 유럽인들의 지배와 자연에 대한 인간의 지배가 더욱 더 진행될수록, 문화사의 다양성이 더욱 더 인류의 일치로 변화해 갔다. '역사'라는 거대한 단수가 생겨나게 된 것이다.

'역사'라는 이 패러다임의 틀 안에서 현대의 역사학이 태동했다. 교회 내의 지배신화에 대한 역사적 비판이 대두했다. 과거를 역사화하고 현재를 전통의 속박과 편견으로부터 해방시키기 위하여 전통 속에 내재하는 과거를 시간적인 거리 속에 두려는 역사의식이 발생했다. 다빗 프리드리히 슈트라우스(David Friedrich Strauß)는 "진정한 교리비판이야말로 교리의 역사이다"고 말했으며, 역사가를 종교적 교리와 정치적 신화의 이데올로기 비판가로 만들었다. 역사의식 안에서 과거의 사건들은 지나간 사건들로 변화된다.

현대의 역사의식의 범주를 갖는 '역사'라는 현대의 패러다임으로부터 그리스도의 부활을 바라본다면, 우리는 이것을 제자들의 환상의 투사가 아니면 하나의 역사적 사실로 간주할 수 있다. 이것이 논쟁의 대상이 되든 말든 상관없다. 왜냐하면 그리스도의 부활은 시대의 진보와 더불어 점점 더 까마득한 과거가 된 사건으로서 현재를 결정짓지도 못하고, 미래를 위해서도 적합하지 않기 때문이다. 현대인의 역사의 범주는 사건을 이미 지나간 사건으로 만들었다. 왜냐하면 역사적인 것은 생기고 사라지는 것이기 때문이다.

물론 에른스트 트뢸취(Ernst Troeltsch)는 오늘날의 역사가들에게 더 이상 마지막 해답은 아니다. 그러나 그의 논문《신학에서의 역사적 및 교리적 방법론에 관하여》(1898년)는 20세기에 권위적인 표준이 되었다. 트뢸취는 자연과학적 방법을 역사학에 적용했으며, 근거 있는 지식에 도달하기 위한 역사-비평적 방법의 세 가지 공리를 제시했다. 이 공리들을 가지고 그리스도의 부활을 문제삼아 보기로 하자:

1) 역사적 탐구는 항상 오로지 개연적인 판단에 도달할 수 있을 뿐이지, 절대적 지식에는 도달할 수는 없다. 신학이 신앙의 확실성을 역사적 개연성의 판단 위에 세울 수 있는가? 아니다.
2) 역사적 생명의 모든 현상들 간에는 상호작용이 존재한다. 이것은 보편적으로 타당한 원인-결과의 상관관계를 위한 존재론적 토대이다. 그리스도의 부활은 그 중에서 하나의

예외이고, 생명의 법칙을 깨뜨린 것인가? 아니다.
3) 역사적 이해는 오로지 유비(類比)의 실마리 위에서만 가능하다. '유비의 전능'은 모든 역사적 사건의 동질성에 근거하고 있다. '그리스도의 부활'과 같은 유비(유례)가 없는 사건은 역사적으로 이해될 수 있는가? 아니다.
4) 개연성, 상관관계 그리고 유비의 법칙들은 객관적인 역사 지식을 지배한다. 이 법칙들은 어두운 세력들, 신들 그리고 악마들이 역사를 만드는 게 아니라, 오히려 이들이 인간들에 의하여 만들어지고, 그래서 인간들에 의하여 인식될 수도 있다는 사실을 전제한다. 보편 역사 안의 초월적인 하나님의 행동과 하나님에 의한 그리스도의 부활이 특별히 현대의 역사적 의미 안에서 언급될 수 있는가? 아니다.

만약 의미의 역사(Geschichte)와 사실의 역사(Historie)에 이러한 원칙들이 적용된다면, 그리스도교 신학은 도대체 어떤 범주 안에서 하나님과 그리스도의 부활에 관해서 말할 수 있는지 근본 질문에 봉착한다. 이미 트뢸취는 현대 세계 안에 사는 그리스도인들의 정신분열증을 비판한 적이 있었다. 이들에게는 하나님이 사건의 주체가 되는 하나의 '주일의 인과론'이 있는가 하면, 모든 사건들이 그 내재적인 원인을 갖는 하나의 '평일의 인과론'도 있다. 이러한 의식분열이 하나의 새롭고 공개적인 신학에 의해 극복될 수 있겠는가? 아니면 신학이 그 자신의 진리에 머물러 있기 위하여 현대 사회의 공적인 진리의식과 결별해야 할 것인가?

2. 기대의 지평과 경험의 영역

역사학은 역사를 대상으로 삼을 뿐만 아니라, 그 자체로서 역사 안에 포함되어 있고 역사의 일부이다. 그러므로 역사적 방법론과 범주를 초역사(Metahistorie: 超歷史)적 개념들과 범주들 안에 정렬시키는 것이 필요하다. 역사란 인간들, 인간의 집단들, 계급들과 사회들 간의, 인간과 자연 간의, 그리고 그에 못지 않게 인간과 인간이 절대적이라고 생각하는 것들간의 상호작용과 과정이다.

시간이 존재하는 한, 역사는 존재한다. 과거와 미래의 차이가 존재하는 한에서만, 시간은 인식된다. 과거와 미래의 차이는 두 가지, 즉 회상 속의 과거의 현존과 희망 속의 미래의 현존에 의해 규정된다. '경험의 영역'과 '기대의 지평'의 차이는 역사적 시기의 인식을 결정한다. 만약 회상된 경험이 더 이상 없다면, 기대도 역시 사라진다. 회상과 희망은 역사 경험의 조건이다. 그러므로 양자는 역사에 대한 관심의 조건이기도 하다. 현실을 역사로서 경험하는 일은 그 미래에 대한 희망을 전제한다. 미래에 대한 희망은 회상 안에 근거한다. 그러므로 우리는 역사를 그리스도의 부활의 전망 안에서 전개하기 위하여 기대와 경험의 근본적인 차이를 받아들인다. '그리스도의 부활'은 오직 그 자체에 의해 열려진 해방(죽음의 세력으로부터의 인간과 자연의 해방)의 역사의 틀 안에서만 하나의 의미심장한 진술이다. 다른 방법으로 규정된 역사의 틀 안에서는 그리스도의 부활이 결코 의미심장한 진술이 아니다.

3. 부활의 전망에서 본 역사

"그리스도가 죽은 자들 가운데서 부활했음"을 말하는 자는 하나의 완료된 사실이 아닌 하나의 과정을 말한다. 그는 단숨에 하나님이 인간을 해방시키고 자연을 구속하는 근거, 미래 그리고 실천을 말한다. 그러므로 '우리는 역사적으로 그리스도의 부활에 관하여 무엇을 알 수 있는가?'라는 물음은, 임마누엘 칸트(Immanuel Kant) 엄하게 가르쳤듯이, '우리가 거기로부터 무엇을 희망해도 좋으며, 우리가 그 이름으로 무엇을 행해야 하는가?'라는 물음과 분리되어서는 안 된다. 지식, 희망 그리고 행위가 생동성있게 일치될 때에만, 비로소 그리스도의 부활은 진정 역사적으로 이해된다.

역사를 부활의 전망 안에서 보는 것은 성령 안에서 부활의 과정에 참여하는 것을 의미한다. 부활을 믿는 것은 하나의 교리에 동의하고 하나의 역사적 사실을 아는 것으로 족한 것이 아니라, 하나님의 이러한 창조적 행위에 참여하는 것이다. 만약 그것이 단지 하나의 '역사적 사실'일 뿐이라면, 우리는 "아하"라고 말하고, 이를 지식으로 삼고 지금까지 살아 온 방식대로 살아갈 것이다. 그러나 만약 그것이 하나님의 창조적 행위이고, 우리가 그것을 참으로 인식하고 이해한다면, 우리는 하나의 새로운 생명으로 거듭날 것이다. 그러한 신앙은 자유의 시작이다.

하나님이 무력하게 십자가에 못박힌 그리스도의 부활 가운데서 자신을 계시한다면, 하나님은 로마의 황제와 같은 그러한 권세의 총화가 아니며, 그리스의 우주가 반영하는 것과 같은 그러한 법칙의 총화도 아니다. 하나님은 가난한 자들을 부유하게 하고 비천한 자들을 들어 높이며 죽은 자들을 일으켜 살리는 능력이다. 부활신앙은 인간을 일으켜 세우고, 생명의 미래를 바라보면서 인간을 권세와 소유의 치명적인 환상으로부터 해방시키는 능력이다. '그리스도의 부활'의 선포는 그 자체에 의해 열려진 해방(멸망과 죽음의 세력으로부터의 인간과 탄식하는 피조물의 해방)의 역사의 지평 안에서 하나의 의미심장한 진술이다.

그리스도의 부활을 미래를 개시하고 역사를 여는 사건으로 이해할 때, 그것은 이 죽음의 역사 한 가운데서 영원한 생명의 근거이고 약속이다. 바울은 이런 맥락을 분명히 밝히고 있다:

> 예수를 죽은 자들 가운데서 다시 살리신 분께서 여러분 안에 살아 계신 성령을 시켜 여러분의 죽을 몸까지도 살려 주

실 것입니다(롬 8:11).

그는 그리스도의 부활의 완료를 성령의 내주의 현재와 결합시키며, 성령의 현재를 죽은 자들의 부활의 미래와 결합시킨다. 그리스도의 부활은 지나간 한 사건을 의미하는 게 아니라, 성령 가운데서 현재를 결정지으면서 활동하는 과거의 한 사건이다. 왜냐하면 그것은 영원한 생명의 미래를 열기 때문이다. 성령의 현재하고 해방시키는 경험은 그리스도의 부활의 완료에 근거한다. 바울이 이 본문에서 죽은 자들 가운데서 다시 살림이라고 일컫는 그러한 '죽을 몸의 살려 줌'의 미래는 실제로 그리스도의 부활에 근거한 것이고, '다시 살리는 성령'의 경험을 통하여 깨달아진다. 그래서 만약 우리가 그리스도의 부활을 말한다면, 부활의 과정을 말해야 한다. 이 과정은 그리스도 안에 그 근거를 가지고, 성령 안에 그 역동성을 가지며, 만물의 진정한 새 창조 안에 그 미래를 가진다. '부활'은 하나의 완료된 사실이 아니라 하나의 길을 의미한다. 이것은 죽음에서 생명으로 넘어가는 길이다. 그렇다면 어떤 생명을 여기서 의미하는가?

"죽을 몸을 살린다"는 문장은 부활의 희망이 하나의 다른 생명과 관련 맺는다는 사실을 말하는 게 아니라, 부활의 희망이 이 죽을 생명이 달라진다는 사실과 관련을 맺고 있다는 점을 말하고 있다. 부활은 결코 달콤한 말로써 위로해 주는 '피안의 아편'이 아니라, 이 생명을 거듭나게 하는 능력이다. 희망은 하나의 다른 세계를 바라보는 게 아니라, 이 세계의 구원을 바라본다. 성령 안에서 부활은 단지 기대될 뿐만 아니라 벌써 경험되기도 한다. 부활은 매일 일어난다. 사랑 가운데서 우리는 많은 죽음과 많은 부활을 경험한다. 우리는 살아 있는 희망으로 거듭남으로써 부활을 경험한다. 우리는 이미 여기서 생명을 일깨우는 사랑을 통하여 부활을 경험한다. 그리고 우리는 해방을 통하여 부활을 경험한다:

주님의 성령이 계신 곳에는 자유가 있습니다(고후 3:17).

그리스도가 죽은 자들 가운데서 부활한 것은 죽음의 멸절과 그리고 영원한 생명의 출현의 시작으로서 '모든 것을 변화시키는 사실'이고, 그러기에 그 자체로서 하나님의 계시이다. 칼 바르트(Karl Barth)가 말했듯이, 하나님은 '모든 것을 변화시키는 자'로서 새로운 세계의 창조자이다. 부활신앙은 그 자체로서 이미 생명의 능력 가운데서 인간을 살린다. 그리스도의 부활은 세계사를 종말사(終末史)로 규정지으며, 역사 경험의 영역을 새로운 창조의 기대지평 안으로 옮겨 놓는다.

4. 자연의 전망에서 본 부활

현대가 시작된 이래로 그리스도의 부활의 역사성은 신학의 중심 문제가 되었다. 왜냐하면 '역사'는 현대 세계의 큰 패러다임이 되었기 때문이다. 사람들은 '역사'를 자연과 구분하여 인간의 역사라는 의미로 생각한다. 그래서 사람들은 정신과학과 자연과학, humanities와 science를 구분한다. '자연'은 필연성의 영역이고 '역사'는 자유의 영역이라는 것이다. 이러한 이분법과 함께 정신은 자연이 없고, 자연은 정신이 없는 것으로 파악되었다. 단지 의학만이 정신과학과 자연과학 사이를 오간다. 19 세기가 되어서야 비로소 의학은 유럽에서 자연과학으로 편입되었다. 인간은 단순히 자연에 불과한가? 그는 정신이기도 하지 않는가?

모든 여자와 남자는 하나의 몸-정신의 일체를 나타내고, 그의 존재나 그녀의 존재에서 정신과 자연은 분리할 수 없도록 서로 결합되어 있기 때문에, 역사와 자연을 구분하는 현대 세계의 근본적인 입장은 완전히 입증될 수는 없다. '역사'라는 패러다임은 전체 현실을 파악하지 못하고, 그 전체성을 쪼개어 버린다. 그러므로 우리는 이러한 현대의 패러다임을 넘어가서, 자연과 정신, 역사와 자연을 전체로서 파악하고 분리된 것을 통합시키는 하나의 새로운 패러다임을 발전시켜야 한다.

여기로부터 우리가 그리스도의 부활을 바라본다면, 우리는 현대의 '역사적 그리스도론'을 하나의 새로운 생태학적 그리스도론으로 넘겨주어야 한다. 이로써 우리는 자연을 통합시키기 위하여 고대 교회의 그리스도론의 "두 본성의 이론"으로 되돌아간다. 왜냐하면 사멸할 온 자연의 구원 없이는 인간의 구원도 없다는 것을 우리는 이해하기 때문이다. 물론 그리스도의 부활을 단지 '하나님의 종말론적인 역사행위'로만 이해하는 것으로는 족하지 않다. 그것은 또한 세계의 새 창조의 첫 행위로도 파악되어야 한다. 그리스도의 부활은 단지 하나의 역사적 사건만이 아니고, 동방교회의 부활절 예배와 우리의 옛 부활절 노래가 항상 가르쳐 주었듯이, 하나의 우주적 사건이기도 하다. 그리스도의 부활의 이러한 우주적 차원은 새로이 이해되어야 마땅하다.

"그리스도의 일으킴"(Auferweckung)이라는 표현은 충분한 표현인가? 그것은 유대인의 묵시문학에서 유래한 것이고, 하나의 종말론적인 상징이다. 여기서 하나님은 능동적인 자이고, 죽은 예수는 수동적인 자이다. "그리스도의 일어남"(Auferstehung)이라는 다른 표현은 더 나은 표현인가? 인간의 '일어남'이라는 인간학적인 상징은 논리적으로 하나님의 '일으킴'이라는 신학적인 상징의 일부이다. 일으킴 받는 자는 또한 일어나야 한다. 그렇지 않다면, 그의 일으킴은 허사이다. 일으킴의 상징에서 역동성은 위로부터 나오고, 일어남의 상징에서 역동성은 아래로부터 나온다. 그리스도는 단지 하나님에 의하여 일으켜졌을 뿐만 아니라, 그 스스로 일어나기도 했다.

 이 두 상징들은 다함께 예수의 비밀을 파악하기에 충분한가? 양자는 하나님의 행위든 예수의 행위든, 행동을 나타내는 은유들이다. 또한 십자가에 달렸다가 죽은 예수에게서 무엇이 일어났는지를 묘사하는 은유로서 자연으로부터 나온 것들도 있다. 그것은 무엇보다도 하나님의 영원한 영으로부터의 '그리스도의 재출생'의 비유이다: 그리스도는 영원한 성령을 통하여 자신을 하나님께 바친다(히 9:14). 그는 성령을 통하여 영원한 생명으로 '다시 태어났다'(고전 15:45).
 바울은 또한 자연적인 밀알의 비유를 사용한다:

> 썩을 몸으로 묻히지만 썩지 않을 몸으로 다시 살아납니다 (고전 15:42).

 밀알 하나가 땅에 떨어져 죽어야만 많은 열매를 맺는다고 요한은 말하고(요 12:24), 이로써 그리스도의 죽음과 부활을 말하고 있다. 골로새서에 의하면 그리스도는 "죽은 자들 가운데서 처음으로 다시 살아난 자"(1:18)이다. 그러므로 우리는 하나님의 일으킴과 그리스도의 일어남의 묵시문학적 상징들을 하나님의 영원한 영으로부터의 그리스도의 '재출생'의 상징으로써 보충할 수 있다. 동방교회의 화상들은 바로 이 점을 나타낸다: 그리스도는 땅 속에서 마리아를 통하여 탄생했다. 그는 이 땅의 무덤으로부터 성령을 통하여 영원한 생명으로 다시 태어났다. 그리스도의 재출생과 함께 인간만이 아니라 온 우주의 재출생이 시작되었다(마 19:28). 그의 죽음과 그의 "다시 살아남"은 하나의 "이행 과정", 하나의 변화, 하나의 변모를 나타내지, 전적인 단절과 하나의 급진적인 새 시작을 나타내진 않는다.

우리는 어떤 비유들로써 하나님의 영으로부터의 "그리스도의 재출생"의 우주적 의미를 설명해야 할까? 자연의 생활에서 나온 비유들로써 그리할 수 있다. 물론 그렇다고 해서, 그리스도의 재출생이 하나의 "자연스러운 현상", 예컨대 세포의 생명과정이 된 것은 아니다. 왜냐하면 상징이 말하는 바에 의하면, 그는 사멸의 생명이 아닌 불멸의 생명으로 거듭났기 때문이다. 그러나 '영원한 생명'도 하나의 생명이고, 재출생도 하나의 출생이다. 그리하여 죽어야 하는 자연적인 생명은 그 자체로서 유비의 능력을 가지며, 또 유비를 필요로 한다.

예로부터 그리스도의 교회는 그리스도의 부활을 봄 축제와 함께 경축해왔다. 그 이래로 우리는 유럽에서 부활절을 말해 오고 있다. 교회는 성령의 경험을 여름의 시작과 함께 경축해왔다. 그 이래로 우리는 오순절을 말해 오고 있다. 우리는 한 날의 아침, 한 해의 봄 그리고 생명의 출생에서 자연적인 유비들을 발견했다. 그 결과로 그리스도의 부활과 함께 자연의 재탄생에 대한 기쁨과 이에 대한 피조물들의 즐거움이 경축되었다. 아침, 봄 그리고 탄생은 자연의 생성과 소멸의 자연스러운 리듬에서 벗어나서 매우 높이 평가되었기 때문에, 그리스도의 부활과 함께 만물이 영원한 생명으로 새로이 창조됨으로써, 사멸할 온 자연이 구원될 것을 희망할 수 있게 되었다.

'죽은 자들 가운데서 그리스도가 부활한 것'은 인간 역사의 전망 안에서 모든 죽은 자들의 보편적 부활이 시작되었음을 뜻한다. 그러나 이것은 단지 희망의 인간적 측면일 뿐이다. '그리스도의 부활'은 자연의 전망 안에서 죽음의 파괴적, 반신적 세력이 창조로부터 추방되었음을 뜻한다: 죽음은 '굴복당했다'(고전 15:26). 그리고 새 창조 안에서 죽음은 더 이상 존재하지 않을 것이다. 이것은 희망의 우주적 측면이다. 부활의 희망에서 어떤 생명의 경험이 생겨나는가? 희망의 표상은 항상 생명의 길과 경험을 열어 주고 제한한다. 죽은 자들의 부활과 새 창조를 희망하는 자는 부활의 영에 사로잡힐 것이며, 이미 여기서 '미래 세계의 힘들'을 경험한다. 예로부터 전해 오듯이, 그는 살아 있는 희망으로 '거듭날' 것이다. 부활은 몸과 정신을 지닌 전인을 뜻하기 때문에, 이 '살아 있는 희망'은 여기서 이미 하나의 정신적이고도 육체적인 희망일 수밖에 없다.

그러나 그는 그와 함께 모든 살아 있는 것에 저항하는 죽음의 반항에 직면해 있다. 그리스도교 신앙은 부활의 희망 없이는 생명과 죽음을 조화시키는 게 불가능하다고 말한다. 우리는 죽음을 생명체의 자연적인 한 부분으로 받아들여야만 하는가? 그렇다면 우리는 사랑을 포기해야만 할 것이다. 왜냐하면 사랑은 생명을 원하지, 죽음을 원하진 않기 때문이다. 우리는 육체가 죽어야 한다고 해서, 여기서 벌써 육체를 포기해야만 하는가? 그렇다면 아예 처음부터 살아 있지 않는 게 더 나을 것이다. 왜냐하면 살아 있지 않는 것만이 죽지도 않을 수 있기 때문이다.

그러나 생명을 사랑하기에 생명을 긍정하는 자는 자신을 죽음의 고통에 내맡긴다. 그는 실망당하고 상처입고 슬픔을 당할 수 있다. 이 땅에서 생명을 너무나 사랑하기에, 상처입고 죽으며 슬픔을 당할 수 있는 각오를 벌써 갖게 하는 것은 죽음의 굴복과 영생으로의 부활에 대한 희망이다. 우리는 여기서 이미 사랑 안에서 부활의 능력을 체험한다: "우리는 우리의 형제들을 사랑하기 때문에 이미 죽음을 벗어나서 생명의 나라에 들어 와 있는 것이 분명합니다"라고 요한일서 3장 14절은 말한다. 우리는 '자매들'을 덧붙인다. 부활의 영 안에서 사랑은 죽음처럼 강해질 수 있다. 왜냐하면 이미 사랑 안에서 죽음을 이기는 생명의 승리가 경험되기 때문이다.

죽음은 분리의 세력으로서 이 세상의 삶 안으로 파고들어 온다. 부활은 통합의 능력으로서 이 세상의 삶 안으로 파고들어 와 죽음의 활동을 중지시킨다. 이것을 우리는 다른 사람들과의 관계에서만이 아니라 자신의 몸과의 관계에서도 경험한다. 자신의 몸의 죽음을 직면할 때, 우리의 영혼은 몸 위로 상승하여 몸의 욕구와 쇠약성으로부터 분리된다고 플라톤은 말한다. 자신의 죽음에 대한 인식은 이미 여기서 인간을 영혼과 몸으로 분리시키고, 영혼으로 하여금 몸을 지배하고 억누르도록 유도한다. 왜냐하면 몸은 결국에 매장되는 시체보다 더 가치 있는 것이 아니기 때문이다.

그에 반해 '육체의 부활'은 전혀 다른 몸 경험으로 인도한다. 영혼만이 아니라 영혼과 몸을 지닌 전인이 신적인 것으로 변화된다. 왜냐하면 "하나님이 남자와 여자를 자신의 형상대로 창조하셨다"고 창조보도는 말하기 때문이다. 그러므로 영혼만이 아니라, 바울이 언제나 강조하듯이, 육체도 '성령의 전'이 되어야 한다. 그러나 '성령'은 생명의 영이다. 이 영이 현재적으로 경험되는 곳에, 몸과 영혼은 다시 하나가 된다. 생명에 거슬리는 분리와 죽음을 추구하는 갈망은 극복된다. 죽음의 공포와 더불어 생명의 불안도 사라진다. '육체의 부활'이라는 비유 안에서 생명과 죽음은 이처럼 조화될 수 있기 때문에, 죽음은 수용될 필요도 없거니와 억압될 필요도 없다. 나는 이 부활의 영 안에서 여기서 완전히 살고, 완전히 사랑하고, 완전히 죽을 수 있다. 왜냐하면 나는 완전히 부활할 것을 확신하기 때문이다. 나는 이 희망 안에서 모든 피조물들을 사랑할 수 있다. 왜냐하면 나는 그들 중에 그 어느 것도 사라지지 않는다는 사실을 알기 때문이다.

《오늘 우리에게 그리스도는 누구신가?》, 위르겐 몰트만, 이신건 옮김, (대한기독교서회, 1997), pp. 93-111.

여덟째 마당

보라, 내가 만물을 새롭게 하노라

만약 우리가 우리 인간의 미래를 알고자 한다면, 신문을 읽는다. 이를 더 정확하게 알기 원하는 자는 World Watch Institute의 《연감》(*Annual reports*)을 읽는다. 우리의 정부 고위 관리들은 비밀 정보 요원의 보고서를 읽는다. 그러나 우리는 세계의 미래에 관해 무엇을 아는가? 우리가 진정 아는 것은 단지 우리가 이를 모른다는 사실뿐이다. 그리고 우리는 세계의 미래가 대개 사람들이 생각하는 것과는 다르게 진행된다는 사실을 안다. 동유럽이 1989년에 변화를 겪기 전에 누가 이를 알았는가? 미래는 예견할 수 없다. 누가 1991년의 공산주의의 붕괴를 생각이나 했겠는가?

만약 우리가 하나님의 미래를 알고자 한다면, 도대체 어디를 쳐다보려고 하는가? 그것은 점성가들이 믿는 것처럼 별들 속에 있지 않다. 그것은 예언가들이 주장하는 것처럼 타롯 카드 속에도 있지 않다. 매우 단순하게 들리겠지만, 그것은 성서 속에 있다. 이 '좋은 옛 책'은 하나님의 약속의 책이며, 회상된 희망의 책이다. 왜냐하면 성서는 하나님의 미래의 책이기 때문이다. 즉 과거 속에 있는 하나님의 미래, 현재 속에 있는 하나님의 미래 그리고 다가 올 시간에 있는 하나님의 미래의 책이다.

만약 우리가 모스크바와 워싱톤, 도오쿄오와 튀빙엔의 거리에 있는 사람들에게 미래에 대한 그들의 전망을 묻는다면, 우리는 무슨 말을 듣게 될까? 그들은 그들의 생활의 고민들, 중독된 자연과 파괴된 환경에 대한 그들의 염려 그리고 이에 못지 않게 통제를 벗어난 핵폭탄에 관해 우리에게 말할 것이다. 우리는 또 다시 불안의 시대에 살고 있다. 이것은 사실이다. 왜냐하면 우리의 불안은 우리에게 미래의 위험을 경고하기 때문이다. 그렇지만 스스로 완전히 무용하다고 느끼고 또 객관적으로 보더라도 무용하기도 한 사람들(surplus people)의 수가 점점 더 늘어나고 있다. 그들은 우리의 질문에 냉정하게 대답한다: 우리에게 미래란 전혀 없다! 미래가 없는 세대다.

만약 우리가 성서의 사람들에게 미래에 대한 그들의 전망을 물을 수 있다고 한다면, 우리는 무슨 말을 듣게 될까? 아브라함과 사라는 우리에게 그들이 타향에서 유랑할 때 받은 하나님의 약속에 관해 말할 것이다. 모세와 미리암은 우리에게 출애굽의 하나님과 약속된 자유의 땅의 환상에 관해 보고할 것이다. 이사야와 예레미야는 메시야와 새 계약에 관해 말할 것이다. 세례 요한과 마리아, 베드로와 마리아는 예수에 관해 그리고 예수 안에서 우리에게 매우 가까이 온 하나님의 나라에 관해 말할 것이다. 성서의 사람들은 처음부터 끝까지 희망의 사람들이다. 그들은 모두 이 세상의 긴 밤에서 약속의 별을 보았고, 하나님의 새 날을 미리 알리는 여명의 첫 광채를 경험했다. 그들은 모두 이 하나님의 미래를 찾기 위하여 자리를 털고 일어났다. 왜냐하면 그들은 모두 "오라, 모든 것이 준비되었다"고 초대하는 소리를 들었기 때문이다.

우리는 오늘날 두 영역에 속해 있다. 우리는 신문을 읽고서 걱정한다. 우리는 성서를 읽고서 하나님을 바란다. 우리는 다른 모든 사람들처럼 이 세계의 다가오는 위험 앞에서 불안을 느낀다. 우리는 성서의 사람들처럼 하나님의 구원이 가까이 옴을 믿는다. 지금은 불안의 시대이다. 이것은 사실이다. 그러나 지금은 희망의 시대이기도 하다. 우리는 하나님을 믿고, 그의 오심을 바란다. 하지만 우리는 낙천주의자는 아니다. 우리는 이 세계를 걱정한다. 우리는 세계의 다가오는 위험을 두려워한다. 우리는 러시아의 사회적 재앙을 생각할 수 있다. 우리는 우리의 생태계의 재난을 걱정한다. 우리는 우리가 믿을 수 있는 것보다 더 알고 있다. 하지만 우리는 염세주의자는 아니다. 왜냐하면 우리는 하나님을 믿고, 그가 자신의 창조물을 멸망하게 내버려두지 않을 것임을 믿기 때문이다. 하나님을 바라는 자는 결코 낙천주의자가 아니다. 그는 적극적 사고의 능력을 필요로 하지 않는다. 하나님을 바라는 자는 결코 염세주의자가 아니다. 그는 부정적 변증법의 논리를 필요로 하지 않는다. 하나님을 의뢰하는 자가 아는 점은, 하나님이 그를 기다리고 그에게 희망을 두고 있다는 사실, 그가 하나님의 미래로 초대받고 있으며 그래서 그의 생명의 놀라운 초대장을 손에 쥐고 있다는 사실이다.

나는 먼저 어떤 새로운 것이 하나님에 의해 일어났는지를 성서의 본문에서 살펴보고, 그 다음에 신학적으로 판단하기를 배우고 싶으며, 다섯 개의 질문과 대답으로써 하나님의 미래에 관한 신학적 논의를 열어 가고 싶다. 마지막으로 나는 우리가 오늘 날 어떻게 "복음화할" 수 있는지를, 다시 말하면, 사람들과 우리의 세계가 하나님의 미래를 향해 개방하는 일에 우리가 어떻게 기여할 수 있는지를 알고 싶다. 만물의 새 창조로의 초대는 우리가 지금까지 알고 있는, 자신을 확장시키는 교회의 그리스도교 선교와 다를 수밖에 없다.

I. 하나님은 세계를 새롭게 하기 위해 온다: 성서적 전망

첫째 전망은 요한계시록에 나오는 하나님의 미래에 관한 거대한 환상이다.

> 하나님은 모든 눈물을 그 눈에서 씻기시매, 다시 사망이 없고 애통하는 것이나 곡하는 것이나 아픈 것이 다시 있지 아니하리니, 처음 것들이 다 지나갔음이러라. 보좌에 앉으신 이가 가라사대 보라 내가 만물을 새롭게 하노라 하시고(계 21:3-5a).

신앙 때문에 밧모 섬에 유배당한 요한은 이러한 만물의 새 창조를 "보았다"(1:2). 어디서 그는 이것을 보았는가? 그는 보고한다: "주의 날에 나는 성령 안에 있었다"(1:10). 그가 그 때에 본 것은 그를 압도했다. 마치 그것이 부활절에 사도들을 압도하고, 바울이 부름받을 때에 그를 압도한 것처럼. 그는 하나님의 영광의 광채 안에 있는, 자신을 낮추고 십자가에 못박혔던 그리스도를 보았다. 그리고 그리스도의 부활의 날에 그는 '마지막 심판', 하나님의 새 세계의 여명 안에 있는 옛 세계의 종말을 보았다. "세계의 종말"은 밤, 핵겨울, 지옥의 흑암, 죽음의 영원한 암흑세계가 아니다. '세계의 종말'은 새로운 영생의 날이다. 첫 창조처럼 만물의 새 창조도 흑암을 몰아내는 빛과 함께 시작한다. 이것은 '영원의 서광'이다. 이것은 하나님의 절대적 영원이 아니라 새 창조의 새 날이고, 메마른 것에서 꽃이 피어나고 죽은 자가 살아나는 생명의 영원한 봄이다. "보라 내가 만물을 새롭게 하노라", 이것은 사라지지 않고 영속하는 창조, '끝없는 시작'이다.

누구를 요한은 보는가? 그는 무한히 영원한 하나님이 그의 유한한 피조물들에게 그리고 상처받기 쉬운 이 땅에 오는 것을 본다. 하나님은 이 땅의 그의 시간적인 피조물들과 함께 거하기 위하여, 그리고 옛적 안식일에 그랬던 것처럼, 그의 창조물 안에서 끝없이 안식하기 위하여 온다. 하나님이 거하려는 곳은 이런저런 성전, 대성당 혹은 돔이 아니라 그의 온 창조물이다. "하늘은 나의 보좌요, 땅은 나의 발등상이다"(사 66:1-2; 행 7:48 이하). 우주는 그의 성전이고, 혼돈은 그의 적이다. 그러므로 새 창조의 아름다움은 혼돈을 몰아낼 것이다. 하늘과 땅은 하나님의 집이 되기를 갈구한다. 왜냐하면 모든 피조물들은 사랑을 위해 창조되었기 때문이다. 하나님의 영은 모든 것들 안에 있고, 모두를 하나님의 미래를 위해 개방시킨다. 모든 그의 피조물들이—비유에 나오는 잃었던 아들처럼—그의 품으로 되돌아 올 때까지는 하나님은 안식을 모른다.

그러므로 세계가 하나님의 성소가 되고 그가 모든 피조물들에게 되돌아 와서 거할 수 있기까지는 그는 역사 안에서 안정을 취하지 못한다. 새 창조, 이것은 "그가 피조물들과 함께 거하고,

그것들이 그의 백성이 되리라"는 것을 뜻한다. 그는 그의 창조물을 멀리서 대면하는 것이 아니라, 그 안으로 들어간다. 그리하여 그의 영원한 생동성은 그의 피조물들의 생명력이 되고, 그의 인간들은 그의 임재 안에서 생명을 위한 공간, 자유로운 활동을 위한 공간과 사랑을 위한 공간을 발견한다.

그의 영원한 빛은 창조물을 비추고, 모든 생명체들을 따스하게 만들며, 그것들을 하나님의 활력으로 채운다. 그의 영원한 임재는 죽음이 갈라놓았던 것을 합쳐 놓는다. 그리하여 창조물로부터 죽음, 흑암, 차가움과 혼돈이 사라져 버린다. 살아 계신 하나님이 우리에게 그처럼 가까이 오면, 죽은 자들은 살아나게 되고, 죽음이 더 이상 존재하지 않게 될 것이다. 그의 영광이 계시되면, 그의 아름다움은 세계를 구원할 것이다(도스토예프스키). 하나님이 우리에게 그처럼 가까이 오면, 우리가 무덤에서 슬피 울 때에 느끼는 하나님의 부재(不在)는 사라진다. 하나님은 인간들에게서 고향을 발견하고, 인간들은 하나님에게서 고향을 발견한다. 인간과 동물, 땅 위의 피조물과 하늘의 피조물은 하나님의 공동거처에서 이웃이 되고 한 식구가 된다. 이것을 요한은 밧모섬에서 보았다: 즉 수고하고 무거운 짐을 진 세계는 하나님 안에서 미래를 발견하고, 하나님은 새롭고 해방된 복된 세계 안에서 미래를 발견한다.

둘째 전망은 하나님이 그리스도 안에서 우리에게 다가오시는 경험이다.

> 하나님께서 그리스도 안에 계시사 세상을 자기와 화목하게
> 하시며 … 그런즉 누구든지 그리스도 안에 있으면 새로운
> 피조물이라. 이전 것은 지나갔으니 보라 새 것이 되었도다
> (고후 5:19, 17).

그리스도를 통하여 우리를 위하여 그리고 우리에게 일어나는 것은 두 가지 측면을 가지고 있다: 우리는 그리스도 안에서 하나님을 발견하고, 그리스도 안에서 우리 자신을 발견한다. 하나의 측면은 타락하고 찢겨진 이 세상을 자신과 화해시키기 위하여 그리스도 안에서 십자가에 죽기까지 고난의 길을 가는 참 하나님이다. 그는 버림받은 모든 사람들을 자신의 사랑으로 위로하기 위하여 깊은 버림받음 속에서 죽음을 친히 감당한다. 그는 가난한 사람들을 부유케 하기 위하여 가난하게 된다. 그리스도 안에서 하나님이 친히 우리에게 와서 우리를 자신과 화해시킨다. 다른 하나의 측면은 우리의 참 자아이다. 우리를 생명의 샘으로부터 분리시키는 우리의 죄는 용서함을 받는다. 우리의 적대감은 극복되었다. 하나님은 우리를 화해시키며, 우리는 화해된 자이다. 하나님은 우리를 사랑하며, 우리는 사랑 받는 자이다.

만약 우리가 그리스도 안에서 산다면, 우리는 다음과 같은 독

특한 하나님 경험을 갖게 된다. 즉 하나님은 우리 곁에 다가왔다. 그는 우리에게 너무나 가까이 임재하기 때문에, 우리는 그분 안에서 살고 기동하고 존재한다. 만약 우리가 그리스도 안에서 산다면, 우리는 다음과 같은 독특한 자아경험을 갖게 된다. 즉 우리는 하나님에게 용납되었다. 우리는 첫 창조의 날의 새 피조물처럼 선하고 의롭고 아름답다. 우리를 억누르는 불의와 폭력의 짐인 옛 것은 낡은 외투처럼 우리에게서 벗겨졌다. 온 창조의 봄인 새 것은 벌써 우리를 사로잡았다.

화해의 경험과 함께 우리의 변혁은 시작된다. 위대한 환상(계 21장)이 말하는 바 장차 올 하나님의 미래는 화해로 인하여 지금 그리고 이미 우리에게 도래한다. 하나님의 화해가 우리를 사로잡는 곳에서 이미 눈물은 씻겨지고, 애통과 곡은 사라진다. 왜냐하면 '처음 것', 즉 '옛 것'은 지나갔기 때문이다. 바울도 밧모 섬의 요한처럼 그것을 '본다.' 그는 우리에게도 눈을 열고 그리스도 안에 있는 우리의 생명을 보라고 요구한다.

보라, 모든 것이 새롭게 되었도다.

이것은 눈을 감는 신비적 신앙이 아니라 눈을 멀리 여는 메시야적 신앙이다. 더욱이 그는 다음과 같이 덧붙인다. "모든 것이 새롭게 되었다." 이것은 오로지 다음을 의미할 따름이다: 그리스도의 눈으로 자기 자신과 자신의 세계를 보는 자는 세계의 적개심과 분열상에도 불구하고 세계를 '화해된 것'으로 보며, 그 안에서 벌써 새롭게 창조된 세계를 본다. 우리의 적들도 더 이상 불공대천의 적들이 아니라, 그들이 알든지 모르든지 간에, 그리스도가 죽기까지 사랑하고 하나님이 이미 자신과 화목케 한 인간들이다. 어떻게 우리가 우리 자신과 우리 동료들의 무신론을 우리 모두와 화목케 된 참 하나님의 진정한 화해보다 더 진지하게 여길 수가 있겠는가?

셋째 전망은 하나님이 생명의 영 안에서 우리 안에 임재하시는 경험이다.

> 진실로 네게 이르노니 사람이 거듭나지 아니하면 하나님의 나라를 볼 수 없느니라(요 3:3).

바울이 그리스도 안의 새 창조라고 부르는 바로 그것을 요한은 하나님의 영으로부터의 거듭남이라고 부른다. 바울이 말하는 바대로 그리스도 안에서 우리 없이 우리를 위해서 일어난 바로 그것, 즉 화해는 요한에 따르면 영으로부터 우리의 생명이 거듭남으로써 우리 안에서 효력을 끼치고 있다. 두 은유들은 서로 보완한다: 하나님은 화해의 활동을 통하여 우리를 새 인간으로 만든다. 그리고 우리는 하나님의 영으로부터 마치 어머니로부터 다시 태어난 것처럼 변한다. 실로 우리는 아버지의 새 피조물이요 성령의 자녀들이다. 그리스도 안에 있음과 영으로부터의 새 생명은 동일한 사실의 두 측면이다.

하지만 이것은 서로 다른 것을 말한다. 우리가 '거듭남'의 은유로써 설명하려는 것은 무엇인가? 그것은 한없는 생명의 기쁨의 경험이다. 성령을 경험하는 자는 하나님의 생명력을 경험한다. 그는 새로 태어났다고 느낀다. 빛이 그에게 넘치고, 사랑이 그의 마음을 두루 채우며, 그의 힘은 새 활력으로 충만해진다. 폭력과 악행, 매일의 실수와 상처 그리고 죽음의 그늘로부터 생명이 다시 태어나는 것은 엄청난 생명 긍정이다. 이것은 몸과 마음에 새로운 활력을 가져다주며, 세계와 동떨어진 영성은 아니다. 만약 우리가 '영'이라는 단어를 히브리어 '루아흐', 바람으로 대치시킨다면, 어떤 자아경험이 이 하나님의 능력의 경험과 결합되어 있는지는 금방 밝혀진다.

생명은 우리가 영에 의해 움직여지는 그 순간부터 시작된다. 우리의 시간적 생명은 성령으로부터 거듭남으로써 영원한 생명으로 변한다. 왜냐하면 하나님으로부터 태어난 것은 영원하며 사라지지 않기 때문이다. 영생은 죽음 후에야 비로소 시작되는 게 아니다. 영생은 여기서 지금 영원한 영으로부터 거듭나는 경험 속에서 시작된다. 죽음 전에 영생이 있다! 우리는 영생을 끝

여덟째 마당 - 보라, 내가 만물을 새롭게 하노라

없는 생명의 연장으로 경험하지는 않는다. 우리는 영생을 깊이 있게 경험한다. 진정으로 그리고 온전히 경험되는 순간은 영원의 현존이고 무상하지 않다. 우리가 지금 젊든지 늙었든지 간에, 영의 경험과 함께 생명의 봄은 시작된다. 예로부터 성령이라고 일컬어지는 '생명의 샘'은 다시금 우리 안으로 넘친다(요 4:14). 우리는 봄의 고목들과 어린 나무들처럼 다시금 결실을 맺게 된다. 온 우주의 거듭남(마 19:28)은 우리 안에서 시작된다. 온 창조의 종말론적인 봄은 우리를 깨운다. 만물의 새 창조는 영 안에서 우리에게서 시작된다.

넷째 전망은 새로운 생활방식을 바라시는 하나님의 도전이다:

오직 심령으로 새롭게 되어 하나님을 따라 의와 진리의 거룩함으로 지으심을 받은 새 사람을 입으라(엡 4:23 이하).

이러한 새로운 생활은 그리스도의 뒤를 따르는 생활 속에서 권위를 가지며, 그 내적인 능력은 살리는 영으로부터 나온다. 성서의 사람들의 증언에 따르면, 이것은 '이 전도된 세상의 구조'와 단절하며, "이 세상을 본받지 않고"(롬 12:2), 하나님에 의한 만물의 새 창조와 생명의 거듭남을 미리 취하는 것을 의미한다. 바울에게서 이것은 어두움을 벗고 빛으로 갈아입는 것을 뜻한다.

> 밤이 깊고 낮이 가까왔으니 그러므로 우리가 어두움의 일을 벗고 빛의 갑옷을 입자(롬 13:12).

이것은 잠자는 것에서부터 깨어남으로 교체되는 것과 같다. 이것이 의미하는 것은 단지 새로운 개인적인 도덕만이 아니라 개인적-사회적으로, 공동체적-정치적으로, 정치적-생태학적으로 우리 안의 영의 힘을 다하여 그리고 하나님이 우리에게 열어 주는 가능성을 다하여 의와 거룩함 속에서 완전히 새롭게 사는 것이다. 1968년에 웁살라에서 개최된 세계교회협의회(WCC) 세계대회도 이미 다음과 같은 모토를 내걸었다.

> 보라, 내가 만물을 새롭게 하노라.

이 대회는 생활을 새롭게 하라는 하나님의 도전의 메시지를 다음과 같이 매우 잘 정리했다:

> 하나님의 새롭게 하시는 능력을 신뢰하면서 우리는 여러분에게 호소합니다: 하나님의 나라를 선취하는 이 일에 동참해 주십시오. 그리고 그리스도께서 그분의 날에 완성하실 새 창조에 관해 뭔가 오늘 미리 보여 주십시오.

이 네 가지 전망들 가운데서 우리는 하나님이 하나의 운동 속에서 우리에게 다가오고 있음을 본다. 이 전망은 마지막과 함께, 하나님의 미래에 대한 위대한 환상과 함께 시작한다: 이어서 그리스도를 신앙하는 우리에게 하나님이 특별히 오고 있다는 전망이 생겨난다.

> 그리스도 안에서 새로운 피조물이 되었다.

그 다음에는 하나님이 영의 경험 안에서 현존한다는 전망이 나온다.
> 성령으로 다시 거듭났다.

마지막으로 이 전망은 우리에 대한 그의 도전에 이른다:
> 만물의 새 창조에 참여하라!

이것은 하나님의 미래가 벌써 시작되었다는 것을 뜻한다. 만물의 새 창조는 이미 진행되고 있다. 우리는 이에 동참하라는 초대장을 받았다.

II. 하나님의 미래와 그의 정의: 신학적 질문들과 대답들

우리가 획득한 성서적 통찰들을 근거로 삼아 우리는 '하나님의 미래'와 관련하여 종종 제기되는 몇 가지의 신학적 질문들에 대답하고자 한다.

1. 우리는 하나님의 미래에 관하여 무엇을 알 수 있으며, 어떻게 그것에 관하여 말할 수 있는가?

미래에 관하여 말할 수 있는 방법은 두 가지가 있다. 하나는 외삽(外挿)의 방법이고, 다른 하나는 선취(先取)의 방법이다. 모든 미래 학자들과 미래 설계가들은 과거와 현재의 자료들과 경향성으로부터 미래로 외삽한다. 그들은 경향성 분석, 최대한의 계산 그리고 개연적 판단을 가지고서 미래를 탐색한다. 과거와 미래는 그들에게서 하나의 동일한 직선적 시간대 위에 놓여 있다. 과거와 미래 사이에는 질적인 차이가 전혀 존재하지 않는다. 그러므로 그들은 실제로는 미래를 탐색하는 게 아니라, 단지 그들의 현재를 미래로 연장할 뿐이다. 그들은 미래를 외삽되고 연장된 현재로 이해하며, 그래서 미래의 새로운 가능성을 억누른다. 이러한 이해에 따르면, 미래란 앞으로 되어질 것이지 오고 있는 것이 아니다. 오로지 영원한 생성과 소멸만이 있을 뿐이지, 궁극적인 도래(Adventus)는 전혀 없다.

선취의 방법은 전혀 다르게 나타난다. 선취는 오고 있는 것의 기대와 미리 취함을 의미한다. 우리의 불안 속에서 우리는 오고 있는 위험을 인지하고 미리 취한다. 우리의 희망 속에서 행복을 인지하고 미리 취한다. 하지만 이러한 마음의 감정만이 아니라 우리의 표상들과 개념들도 오고 있는 것의 인지이기도 하다. 선취는 우리가 추구하고 기대하는 것에 대해 미리 취하는 상(像)

과 선-파악(先-把握)이다. 그것은 오고 있는 것에 대한 창조적 상상이다. 만약 오성 속에 그러한 탐색의 상들이 존재하지 않는다면, 우리의 감각은 아무 것도 발견하지 못할 것이다.

그러나 만약 우리가 추구하는 것을 발견한다면, 우리의 경험은 항상 우리의 기대를 교정시킨다. 그러기에 놀랄 수 있는 마음가짐도 항상 오고 있는 것의 선취에 속한다. 선취의 방법에는 과거와 미래 사이에 질적인 차이가 존재한다. 그것은 현실성과 가능성 사이의 단순한 차이점이다. 과거는 현실적인 것이고, 미래는 가능적인 것이다. 그리고 현재는 가능한 것이 실현될 수도 있고 좌절될 수도 있는 경계선이다. 내가 과거를 말할 수 있는 것은 이미 과거가 완료되어 있기 때문이다. 나는 오로지 선취의 수단을 통해서만 미래를 파악할 수 있다. 미래를 말하는 자는 미래를 과거로 만든다. 이러한 이해에서 독일어가 말하는 "미래"(Zukunft)란 앞으로 되어질 것이 아니라 우리에게 오는 것이다. 이것은 대강절(Adventus, 역주: 이 말은 라틴어로서 '우리에게로 오고 있음'을 뜻함)과 같은 미래 이해이다. 만약 우리가 이런 차이점을 우리의 질문에 적용한다면, 다음과 같은 대답이 생긴다.

- 하나님의 미래에 관한 발언은 미래에 있을 사건들에 관한 보도가 아니라, 모든 인간사들의 미래의 약속이다.

- 하나님의 미래에 관한 발언은 과거와 현재로부터의 외삽이 아니라, 이 낡은 세계 한가운데서의 하나님의 새 세계의 선취이다.
- 하나님의 미래는 오로지 그의 오심의 기대 속에서만 경험된다. 그리스도 안의 새창조의 경험과 영으로부터의 거듭남의 경험은 만물을 새롭게 하는 하나님의 미래의 현실적 선취이다.

2. 하나님의 미래에 대한 희망 중에서 세계 파멸의 묵시는 어디에 위치하는가?

'마지막 일'에 관한 그리스도교의 가르침에서 우리는 두 가지 방식으로 하나님의 미래에 관해 말한다: 그것은 역사의 완성이요 역사의 종말이다. 그것은 하나님의 창조와 약속의 역사의 완성이기 때문에, 죄와 죽음, 불의와 폭력으로 전도된 세계의 종말이기도 하다. 요한계시록 21장이 "보라, 내가 만물을 새롭게 하노라"고 말하기 전에, "처음 것은 지나갔다"고 말한다(고후 5: 17도 참조하라). 우리는 묵시론적으로 이 세계의 파멸을 바라보며, 종말론적으로 하나님의 새 세계의 부활을 바라본다. 양자는 함께 속해 있다. 만약 우리가 단지 "보라, 내가 만물을 새롭게 하노라"라는 목표만을 바라본다면, 고통과 눈물을 모르는 낙천주의자가 되는 셈이다. 만약 우리가 단지 종말만을 바라본다면,

우리는 매일 아침마다 새로운 하나님의 은총을 경시하는 염세주의자가 되는 셈이다.

세계 파멸의 묵시론이나 순진한 진보신앙이나 모두 비그리스도교적인 것은 마찬가지다. 전자는 실로 단지 후자의 배면(背面)에 불과하다. 그리스도교의 역사신학은 모든 것이 늘 더 잘 되어간다고 가르치지 않거니와, 모든 것이 늘 더 나빠진다고 가르치지도 않는다. 그것은 미래의 구원과 함께 위험도 자라난다고 가르친다. 선과 함께 악도 자라난다. 그리고 그리스도가 현존하는 곳에는, 적그리스도도 있다. 하나님의 뜻에 따라 생활하는 사람들이 있는 곳에는, 하나님에게 대적하는 다른 사람들도 생긴다. 갈등은 증폭되고 더 격해진다. 세상은 더욱 더 심각해진다. 역사 그 자체는 영속적인 위기에 다름 아니다. 그러므로 자유민주주의자들과 전 품목의 세계시장화의 승리 속에서 '역사의 종말'이 시작되고 있다고 보는 워싱톤 국무성의 프랜시스 후쿠야마(Francis Fuku-yama)처럼 매우 많은 사람들이 '역사의 종말'을 꿈꾼다. 그러나 선취된 모든 '역사의 종말'은 역사를 단지 더 속행시킬 뿐이며, 역사를 더 심각하고 더 위험하게 만든다. 우리는 역사의 이 역설을 두 문장으로 파악할 수 있다:

위험이 있는 곳에는, 구원의 요소도 자라난다"고 독일의 시인이요 전에는 튀빙엔의 신학생이었던 프리드리히 횔더린

(Friedrich Hölderin)은 유쾌하게 말했다.

"구원의 요소가 있는 곳에는, 위험이 자라난다"고 말년에 튀빙엔에서 살았던 독일의 철학자 에른스트 블로흐(Ernst Bloch)는 위협적으로 대꾸했다.

두 문장은 옳다. 그러므로 위험의 불안은 구원에 대한 신앙에 속하고, 세계 파멸의 묵시론적 불안도 세계의 새 창조에 대한 희망에 속한다.

3. 하나님의 미래는 단지 새 창조만을 뜻하는가? 그것은 심판도 가져오지 않는가?

낡은 존재에 대한 심판은 새로운 존재의 창조를 위한 전제조건이다. 세계 심판이 없는 새 창조란 전혀 존재하지 않는다. 그러나 하나님의 심판이란 무엇이며, 그것은 무엇을 위한 것인가? 성서적 표상들에 따르면 하나님의 심판을 통하여 불의에 맞서 하나님의 정의가 널리 관철된다. 왜냐하면 오직 하나님의 정의만이 평화를 창조하기 때문이다. 이 심판 속에서 하나님은 열방을 심판하는 평화의 왕이다(시 94편; 96-99편). 메시야 왕은 이스라엘을 "법과 정의로 굳게 세울 것이다"(사 9: 6). 그는 "가난한 자들의 재판을 정당하게 해 주고 흙에 묻혀 사는 천민의 시비를 가려 줄 것이다"(사 11:4). 하나님의 심판은 복수나 보복

이 아니라 하나님의 창조하고 구원하는 정의의 승리이다. '그리스도의 심판대' 앞에서 이루어는 것도 우리의 죄값을 치르는 것이 아니라 정의를 창조하고 올바르게 세우며 의롭게 하는 하나님의 정의이다. 심판은 저주를 위한 것이 아니라, 죄인들을 하나님의 나라로 재사회화(再社會化)하기 위한 것이다. 최후의 심판날에 내려질 하나님의 판결은 하나님의 마지막 말씀이 아니다. 그의 마지막 말씀은 다음과 같다.

보라, 내가 만물을 새롭게 하노라.

최후의 심판은 잠정적인 것이다. 궁극적인 것은 새 창조이다. 심판은 새 창조를 위한 것이다. 그러므로 그것은 두려움의 대상이 아니라 희망의 대상이다. 이제는 더 이상 사람들을 하나님의 심판으로 협박하고 그들에게 심판의 불안을 주입하지 말아야 할 때가 무르익었다. 하나님의 마지막 심판의 소식은 기쁜 소식, 해방의 소식이다. 즉 그것은 정의가 존재하며 정의를 끝까지 보장하는 자가 존재한다는 소식이다. 그러므로 살인자들은 그 희생자들을 영원히 이기지는 못할 것이다.

4. 만물의 새창조, 이것은 '만인구원'과 '만물의 회복'인가?

이 물음은 대답하기 어렵다. 왜냐하면 오직 하나님만이 이 물음에 대답할 수 있기 때문이다. 만약 우리가 인간주의적-보편적으로 사고한다면, 하나님은 분파주의자일 수 있다. 그러나 만약 우리가 경건주의적-분파주의적으로 사고한다면, 하나님은 보편주의자일 수 있다. 만약 내가 자신을 진지하게 조사해 본다면, 틀림없이 다음과 같이 말하게 될 것이다: 나는 보편주의자가 아니지만, 하나님은 보편주의자일 수 있다. 우리는 칼 바르트(Karl Barth)처럼 이 물음에 교묘하게 대답할 수도 있다.

나는 만인구원론을 가르치지 않지만, 가르치지 않는 것도 아니다.

나는 이 물음을 이런저런 방법을 둘러대며 회피하지 않고, 내가 크리스토프 블룸하르트(Christoph Blumhardt)에게서 배운 "희망의 고백"으로 대답하고 싶다.

희망의 고백은 교회의 시선으로부터 완전히 벗어났다. … 하나님께서 온 세상에서 그 어떤 것이든 그 어떤 사람이든 단념하실 거라는 사실에 대해서는 지금이나 영원히 말할 것도 없다. … 마지막은 다음을 뜻한다. 보라, 모든 것은 하나님의 것이다! 예수는 세상의 죄를 지신 분으로서 오고 계신다. 예수는 심판하실 수 있지만 저주하실 순 없다. 나는 이 점을 지옥의 가장 밑바닥까지 가서라도 외치고 싶고, 이 때문에 창피를 당하지는 않을 것이다.

나는 이 고백을 수용하여 다음과 같이 말한다: 나는 만인구원을 설교하지 않는다. 나는 모든 사람들에게 그리스도의 십자가 안에서 일어난 화해를 설교한다. 나는 모든 사람들이 구원받을 것이라고 선포하지 않는다. 하지만 나는 모든 사람들이 구원받을 때까지 복음이 선포될 것임을 믿는다. 보편주의는 그리스도교 선포의 내용이 아니라 그 전제요 그 목표이다. 만약 하나님의 미래가 실제로 "보라, 내가 만물을 새롭게 하노라"라는 것을 뜻한다면, 모든 사람들이 초대받고 있고 아무도 배제되어 있지도 않다. 이를 거부하는 사람들에게도 초대는 여전히 유효하다. 왜냐하면 이 초대는 하나님으로부터 나오기 때문이다.

5. 지옥은 존재하는가?

그렇다. 나는 지옥이 존재한다고 믿는다. 아우슈비츠의 공포 속에서 그리고 베트남의 공포 속에서 사람들은 고통의 지옥과 죄책의 지옥을 체험했다. 그러므로 우리는 "아우슈비츠의 지옥"과 "베트남의 지옥"을 말하고, 이로써 무의미하고 탈출구가 없는 고통, 용서받을 수 없는 죄책 그리고 하나님과 인간으로부터의 깊은 버림받음을 지옥이라고 말한다. 죽음 후에도 역시 지옥이 존재하는가? 나는 그렇다고 믿는다. 왜냐하면 죽음 전의 지옥은 이미 죽음보다 더 지독하기 때문이다. 많은 사람들에게서 죽음은 고통과 지옥의 불안으로부터 구해주는 구원이었다. 우리는 지옥에 있는 한 사람을 아는가? 우리가 아들의 무덤에서 울고 있는 한 어머니에게 당신의 아들은 살아 생전에 신앙하지 않았기 때문에 지금 지옥에 있다고 말할 수 있겠는가?

첫 번째의 질문에 대해서 우리는 당황한 채 침묵하게 될 것이고, 두 번째의 질문에 대해서 우리는 '그렇다'고 대답할 수 없을 것이다. 하지만 나는 지옥에 있었던 한 사람을 알고 있다. 그는 사도신경에서 "음부에 내려갔다"고 말하는 예수 그리스도이다. 언제 예수는 지옥을 체험했는가? 오래된 주석은 말한다.

> 예수는 죽은 자들에게 구원의 복음을 전파하고 그들을 구원하기 위하여 사후에 죽은 자들의 나라로 내려갔다. 마틴 루터는 말한다: 겟세마네와 골고다 사이의 시간에, 그가 하나님으로부터 버림받았음을 가장 깊이 경험했을 때에, 그리스도는 우리를 위하여 지옥의 고통을 감당했다. 우리가 그리스도의 지옥행을 어떻게 이해하든지, 루터가 다음과 같이 말한 점은 옳다: "당신은 지옥과 영원한 고통을 당신 안에서, 그들 안에서, 저주받은 자들 안에서 볼 필요는 없다. 당신 때문에 지옥에 가신, 그리고 영원히 저주받은 분으로서 하나님으로부터 버림받으셨던 그리스도의 모습을 보라. 그분은 십자가에서 '나의 하나님, 어찌하여 나를 버리셨나이

까?'라고 말하셨다. 보라, 이 모습 안에서 당신의 지옥은 무너졌다(죽은 자들을 위한 준비에 관해서, 1519년).

그리스도가 지옥에 있었고, 지옥의 고통을 당했기 때문에, 지옥에서도 구원의 희망이 존재한다. 그리스도가 지옥으로부터 일으킴을 받았기 때문에 지옥의 문은 열려 있고, 지옥의 담은 무너졌다.

지옥 속에서도 당신은 계십니다!

그렇다면 지옥은 더 이상 지옥이 아니다.
지옥아, 네 승리가 어디에 갔느냐? 우리 주 예수 그리스도를 통하여 우리에게 승리를 주신 하나님께 감사하십시다(고전 15: 55, 57).

III. 하나님의 미래의 복음

복음은 미래와 무슨 상관이 있는가? 예수는 우리 인간들에게 하나님의 미래를 가져오며, 우리는 하나님의 미래로 초대받고 있다. 이것은 하나의 새로운 실천을 요구하는 하나의 새로운 관점이다. 지금까지 우리는 복음화를 현재를 미래로 확산시키는 것으로만 알았지, 미래의 선취 그 자체로 알지 못했다. 지금까지 복음화는 그리스도교 문명의 확장이나 교회의 증식 혹은 자신의 신앙 경험의 확장에만 이바지해 왔다. 이것은 종말을 바라본 선교가 아니었으며, 하나님 나라의 선교도 아닐 뿐더러, 하나님의 미래를 향한 초대도 아니었다. 그래서 그리스도교의 선교는 그리스도교의 교파주의를 세상에 더 가져왔지, 하나님의 나라를 위한 길은 별로 닦아오지 않았다. 그러나 우리가 복음을 증언하고 선포할 때, 도대체 무엇을 하자는 것인가?

1. 복음이라는 단어는 내용적으로 이사야서에 처음 나오는데(52:7), 이것은 해방시키는 하나님의 통치보다 앞서 오는 기쁨의 소식을 뜻한다. 백성에게 하나님의 도래를 알리고, 이를 예고함으로써 하나님의 새 시대를 여는 자는 이 소식을 알리는 자들이다. 신약성서에서도 복음은 하나의 메시야적 실재이다. 그것은 말씀 안에 담겨진 하나님의 나라이다. 그것은 그리스도의 선행적 파루시아. "복음이 선포되는 곳에서, 들림받은 주님은 그분의 말씀 안에서 그분의 현현을 알리는 인간의 입술을 통하여 서둘러 앞서 오시며, 자신을 오고 있는 자로서 미리 알리시면서 그분의 미래를 미리 취하신다"고 신약 성서학자 하인리히 슐리어(Heinrich Schlier)는 설명한다. 그러므로 복음과 복음화는 신약성서에서 메시야적 개념들이다. 이것은 하나님이 자신의 미래를 드러내고 만물의 새 창조를 알리기 위한 말씀과 언어이다. 그러므로 이것은 포로된 자들을 자유케 하고 죄인들을 의롭게

하며 눈물을 씻기고 굴복당한 자들을 일으켜 세우는 말씀이기도 하다. 복음은 "밤은 물러가고, 하나님의 낮이 가까왔다!"라고 메시야 시대의 도래를 알리는 예고이다. 복음은 하나님의 미래를 향한 초대이다. 복음을 믿는 자는 장차 올 세계의 능력을 맛본다(히 6:5). 그는 새 창조의 봄으로 발길을 내딛는다.

2. 복음화는 초대이지, 그 이상도 그 이하도 아니다. 복음화는 가르치는 것도 전향시키는 것도 아니고, "하나님과 화해하십시오!"라는 간청이다. 복음을 의식적으로든 무의식적으로든 증언하는 자, 복음을 위탁받은 자로서 선포하는 자는 간청의 권위가 아닌 다른 권위를 전혀 갖고 있지 않다. 이것은 십자가에서 우리의 죄를 담당하고 팔을 펼쳐서 "오십시오, 모든 게 준비되어 있으니까"라고 초청하는, 간청하는 그리스도의 권위이다. 간청하는 자는 강요하지 않으며, "만약 당신이 오늘 결단하지 않는다면, 지옥에 갈 것입니다"라고 협박하지도 않는다. 간청하는 자는 그의 초대를 받아들일 것을 권한다. 그는 초대받은 자들의 자유를 향해 말을 건다.

> 하나님은 그리스도 안에서 세상을 자신과 화해시켰습니다. 그러므로 하나님과 화해하십시오! 화해는 가능합니다.

여기서도 이 말은 다음과 같은 뜻을 갖는다:

하나님은 만물을 새로이 창조할 것입니다. 그러므로 이 가능성을 취하십시오. 이것은 당신 안에, 당신 곁에 이미 존재하고 있습니다. 평화는 가능합니다. 정의는 가능합니다. 자유는 가능합니다. 하나님은 불가능한 것을 가능하게 하셨고, 우리는 생명을 위한 우리의 가능성을 취하라는 초대를 받고 있습니다. 사회와 자연의 갱신에 참여하십시오.

3. 하나님의 미래를 향한 이 초대가 기존하는 그리스도교의 확장을 통한 선교와 어떻게 구분되는가? 간단하게 말하자면, 새로운 것에 대한 희망을 통해서 구분된다. 우리는 서양문명을 확장하려는 게 아니라, 모든 문명 들 속에 있는 인간들을 만물의 새 창조로 초대하려고 한다. 우리는 '구원을 독점하는 교회'의 영토를 넓히려는 게 아니라, 다른 문화들 속에서 하나님의 영의 새 창조를 체험하려고 한다. 우리는 모든 사람들을 루터교인이나 '침례교인'으로 만들거나, 도처에 로마 가톨릭 교회를 세워야 할 필요는 없다. 우리가 언제나 하나님의 나라를 선포하는 곳이라면, 거기에는 하나님의 백성이 저절로 모이고, 그 자신의 경험을 스스로 가지며, 그 자신의 신앙 형태와 예배 형태를 스스로 발전시킬 것이다. 새 창조는 태초의 창조처럼 그렇게 다채롭고 다양하다. 교회의 획일성은 성령과 그 은사들의 다양성을 억누른다.

하나님의 나라는 교회를 위해 존재하지 않는다. 그러나 교회는 하나님의 나라를 위해 존재한다. 그러므로 교회의 모든 자기에 대한 관심은 하나님의 나라에 대한 예수의 관심에 종속되어야 한다. 교회의 관심사는 교회가 아니다. 교회의 관심사는 교회보다 더 큰 것이다. 즉 교회의 관심사는 하나님이고 모든 사람들을 위한 그의 미래이다. 교회의 관심사는 만물이 영원한 생명을 얻도록 새로이 창조함을 받는 것이다.

《오늘 우리에게 그리스도는 누구신가?》, 위르겐 몰트만, 이신건 옮김, (대한기독교서회, 1997), pp. 161-181.

아홉째 마당

산 희망으로 거듭남

I. 새로운 생명은 영 안에서 시작된다

일찍부터 그리스도인들은 그리스도의 공동체 안에서 이루어진 하나님 체험의 시작을 압도하는 새로운 자기 체험과 결부시켰다. 그들은, 우리가 중병(重病)에서 나았을 때에 말하는 것처럼, 단지 '다시 태어난 것 같다'고 느낀 것만이 아니라 자신을 사로잡은 영으로부터 '다시 태어났다.' 그리스도교 신앙은 단순히 하나의 확신, 감정과 결단만은 아니다. 이 신앙은 삶 속으로 너무나 깊이 침투하기 때문에, 그리스도의 죽음과 부활에 상응하는 죽음과 다시 태어나게 됨에 관해 사람들이 말하는 것은 당연한 일이다. 오순절 교회의 교인들은 생활 중에 성령의 은사를 심오하게, 그리고 지속적으로 체험할 때, 자신들이 '다시 태어났다'고 말한다.

그러나 초대 교회에서 이미 신앙은 세례로써 확증되었으며, 세례를 통하여 표현되었다. 그리스도인은 물세례를 통하여 "이 세상"의 율법과 요구에 대해 죽게 되고, 성령 안에서 그리스도와 함께 사는 새로운 생명으로 태어난다. 그러므로 그리스도인의 이름은 세례명(洗禮名)이다. 이것은 인간의 새로운 정체성, 그 혹은 그녀의 새로운 생명의 정체성을 나타낸다. 그러나 유아 세례의 도입과 함께 본명(本名)과 세례명이 동일시되었기 때문에, 사람들은 죽을 수밖에 없는 현세의 생명으로 태어나는 것과 영원한 생명으로 다시 태어나는 것을 더 이상 구분할 수 없게 되었다. 하지만 그 이후로 생활을 영위하고 죽음을 체험하게 되자, 사람들은 비로소 그 차이점을 알 수 있게 되었고, 신앙 가운데서 중생(重生)의 능력을 체험할 수 있게 되었다. 그렇다고 해서 '재세례'(再洗禮)를 도입할 수는 없었다. 만약 그렇게 했다면, 성령을 체험할 때마다 원칙적으로 '재세례'를 넘어서는 또 다른 세례를 베풀어야 했을 것이다. 하지만 그들은 "한 번의 세례"로 만족했다. 그들은 자신의 새로운 성령 체험을 자신이 받은 세례와 연결할 수 있었고, 세례 서약에 관해 서슴없이 말하거나 이를 갱신할 수도 있었다.

이 장에서는 우리가 본질적인 것에 관심을 기울이기 때문에, 여기서 '유아 세례'와 '재세례'의 문제를 다룰 필요는 없다. 본질적인 것은 흥분을 자아내기에 족하다. 즉 성령 체험은 너무나 새로운 자기 체험을 일으키기 때문에, 사람들은 새로운 생명의 탄생에 관해 말하기 마련이다. 그러나 영으로부터 다시 태어난 것에 관해 말하려면, 우리는 하나님의 거룩한 영을 "믿는 자들의 어머니"라고 불러야 하며, 우리의 거룩한 어머니인 성령에 관해 말해야 한다. 만약 그렇지 아니하면, "성령으로 태어난다"(요 3:3-6)는 은유(隱喩)는 무의미해질 것이다. 그러나 성령의 여성적 속성과 모성적 속성은 여자들과 남자들로 구성된 교회에 다음과 같은 의미를 준다. 이로 인하여 자매들과 형제들로 이루어진 교회는 자유로운 자들과 평등한 자들의 공동체로 변한다.

많은 이들이 이런 체험을 표현하기 위하여 '다시 태어남'(重生)이라는 용어를 사용한다. 하지만 이것은 잘못된 것이다. 왜냐하면 이것은 윤회설(輪廻說)의 오류를 초래하기 때문이다. 희랍어 palingenesias는 동양의 우주론에서 생겨났고, 피타고라스 학파에 의해 고대 사회에 소개되었다. 이것은 시대의 재생(再生)을 의미한다. 시대는 영원회귀(永遠回歸)의 순환 속에 있는 것으로 파악된다. 신년 축제 때마다 일년의 재생을 축하하는 의식이 거행된다. 독일의 한 찬송가는 "고마워라, 일요일이 다가온다 / 이제 한 주가 다시 시작되는구나"라고 말한다. 덧없는 시간과 함께 세계는 쇠락한다. 그러므로 생명이 지속되려면, 세계는 그 영원한 근원으로부터 항상 다시 태어나야 한다. 인간의 생명도 나고 죽으며, 재생의 굴레에서 풀려나 언젠가 니르바나(極樂)에 이르기까지 다른 생명체로 '다시 태어난다'고 인도의 윤회설은 말한다. 신약성서의 한 본문은 '우주의 재생'을 말하고 있다(마 19:28). 우주가 다시 태어날 때, 인자(人者)는 영광의 자리에 앉아서 세계를 심판할 것이다. 묵시문학적인 표현에 따라서 이 본문은 우주가 궁극적으로, 단 한 번 무한히 재생하게 된다고 가르친다. 인자의 심판 후에는 영광의 나라가 온다. 이 나라는 영원하며 노쇠하지 않는다.

우리는 '새롭게'(neu)라는 표현을 자주 '다시'(wieder)라는 뜻으로만 사용한다. 예를 들면, 어떤 것이 늘 다시 새롭게(wieder neu) 시작되어야 한다고 말할 때가 그렇다. 하지만 신약성서는 이런 뜻을 지니고 있지 않다. 여기서 항상 '새롭다'(neu)라고 말하는 내용은 유일회적이고 영원한 것이며, 다시는 반복되지 않는다. 요한복음 3장 3절이 말하는 대로 '새롭게 태어나는' 자는 하나님의 영원한 나라, 즉 이 덧없는 시대의 궁극적이고도 영원한 미래를 바라본다. 성령으로부터 '다시 태어나는' 자는 영원한 생명으로 태어난다. 그러므로 이 새로운 탄생은 반복될 수 없고, 죽어야 할 지금의 생명으로 '다시 태어나는 것'과는 아무런 관계도 없다. 예수도 나사로처럼 죽어야 할 지금의 생명으로 부활하지 않았다. 우리는 프랑스에 있는 그의 유골(遺骨)을 보고 놀랄지 모른다. 하지만 예수는 영원한 생명으로 부활하였다.

그의 죽으심은 죄에 대하여 단번에 죽으심이요, 그의 살으심은 하나님께 대하여 살으심이니(롬 6:10).

하나님의 영으로부터 다시 태어남으로써 주어지는 영생은 실로 '다시' 태어나는 것이 아니라, 하늘과 땅의 새롭고도 영원한 창조를 위해 인간 생명이 유일회적이고 궁극적으로 새롭게 태어나는 것이요, 하나님의 성취된 약속의 시작이다:

보라, 내가 만물을 새롭게 하노라(계 21:5).

II. 중생에 관한 성서의 묘사

디도서 3장 5-7절의 고전적인 본문은 '중생'을 '새롭게 함'이라고 설명하며, 이로써 신앙의 세례 경험을 묘사하거나 성령세례와 물세례의 신앙 체험을 묘사한다.

우리를 구원하시되 우리의 행한 바 의로운 행위(行爲)로 말미암지 아니하고 오직 그의 긍휼하심을 좇아 중생(重生)의 씻음과 성령의 새롭게 하심으로 하셨나니, 성령(聖靈)을 우리 구주 예수 그리스도로 말미암아 우리에게 풍성히 부어주사, 우리로 저의 은혜를 힘입어 의롭다 하심을 얻어 영생의 소망을 따라 후사(後嗣)가 되게 하려 하심이라.

이와 꼭 마찬가지로 베드로전서 1장 3-4절도 세례 경험을 위하여 다음과 같은 신학 명제를 말한다:

> 찬송(讚頌)하리로다. 우리 주 예수 그리스도의 아버지 하나님이 그 많으신 긍휼(矜恤)대로 예수 그리스도의 죽은 자 가운데서 부활하심으로 말미암아 우리를 거듭나게 하사 산 소망이 있게 하시며, 썩지 않고 더럽지 않고 쇠하지 아니하는 기업(基業)을 잇게 하시나니, 곧 너희를 위하여 하늘에 간직(看直)하신 것이라.

무슨 일이 일어났는가? 한 사람이 그리스도를 믿고 예수를 구주로 깨닫는다. 그 혹은 그녀는 그리스도의 공동체 안에서 세례를 받는다. 그의 자기 경험은 처음부터 공동체의 친교 경험 안에 있다. 세례는 한 개인에게 일어나는 사건이지만 공동체 안에서 일어난다. 새로운 탄생은 '성령을 통하여' 혹은 '예수 그리스도가 죽은 자들 가운데서 부활하심으로써' 일어난다. 왜냐하면 새롭게 하는 성령은 "죽은 자들을 부활시키는 능력"(롬 8:11)이기 때문이다. 그 동인(動因)은 '하나님의 자비'에 있다. 히브리어로 자비는 출생의 고통만큼 강한 사랑을 뜻한다. 하나님의 자비는 창조적인 사랑이요, 새로운 생명을 낳는 사랑이다. 그 역사적 근거는 그리스도이다. 더 정확히 말하자면, 그리스도가 죽은 자들 가운데서 부활한 것이다. 바로 여기서 새롭게 하고 새로운 생명을 낳는 영이 나온다. 이 영은 우리를 신앙 안으로 붙들어 맨다.

사죄(赦罪)는 그리스도의 십자가 죽음의 구원 의미(Heilsbedeutung)에서 기인한 것으로 설명되지만, 그가 죽은 자들 가운데서 부활한 사건의 구원 의미는 우리가 '살아 있는 소망으로 거듭난 것'을 통하여 계시되고 체험된다. 소망으로 인하여 우리 안에서 새로운 생명이 시작되는 것은 하나의 부활 체험이다. 여기서 신앙인은 이제부터 자신을 하나님과 분리된 죄인으로 체험하지 않고 의로운 자로, 그리고 하나님이 받아들인 자녀와 가족으로 체험한다. 사죄의 경우에 의로움은 우리를 짓누르던 불의한 과거를 치유하는 과거지향적인 행위인 반면, 중생의 경우에 이 의로움은 영원한 생명의 미래를 지향하는 행위로 이해된다.

이것은 하나님의 자녀들이 '영원한 생명', '영원한 나라', 새로운 '영원한 창조' 안에서 다함께 하나님의 미래를 물려받을 권리이다. 하나님의 미래에 주어질 이 상속(相續)을 확신하는 자는 이 땅에서 이미 '산 소망'으로 살아간다. 이것은 우리를 살리는 소망이요, 더 이상 실망시키거나 깨어질 수 없는 소망이다. 성령 체험은 그리스도의 부활을 현재화(現在化)하며, 영원한 생명의 부활 세계 안으로 인도한다. 그리스도의 부활을 회상하는 행위는 하나님의 미래에 대한 산 소망을 일으킨다. 그리고 과거 회상과 미래 소망이 이처럼 공명(共鳴)하는 가운데서 영원은 시간 안에서 인식된다. '거듭남'의 순간은 영원한 순간, 영원이 시간에 접촉하고 시간의 덧없음을 폐기하는 순간이다.

성서가 말하는 이런 내용에 따르면, 신앙 안에서는 그리스도와 함께 완전히 새로운 생명이 개시된다는 것을 분명히 알 수 있다. 이것은 회복(回復)한 생명도 아니고, 회춘(回春)한 생명도 아니다. 더욱이 그 근원으로부터 다시 태어난 생명도 아니다. 그리스도의 부활은 역사에 전례(前例)가 없는 것으로서 역사에서 완전히 새로운 것, 즉 만물의 새 창조의 시작이다. 이처럼 '산 소망으로 거듭난 것'도 완전히 새로운 생명의 시작이다. 이것은 그리스도가 우리의 역사적 생명 안에서 부활한 것과 일치한다. 우리가 이 생명의 신기함을 이해하려면, 참으로 소망의 능력으로써 하나님의 미래를 미리 바라보아야 한다. 회복되어 가는 창조의 신선한 아침을 되돌아보아서는 안되지만, 인류가 아직은 거룩하고 의롭고 착했던 한 때의 시원(始原)을 되돌아보아도 안 된다. 영원한 생명으로 새롭게 태어나는 것은 '복락원'(復樂園)이 아니다.

이것은 "눈으로 보지 못하고 귀로도 듣지 못하였고, 오직 하나님이 성령으로 우리에게 보이신"(고전 2:9-10) 부활의 세계로 이어진다. 양자의 차이점은 죽어야 할 이 곳의 생명과 죽지 않을 그곳의 생명 간의 차이점이다. '새로운 생명으로 탄생할' 때,

우리에게 일어나는 진정한 새로움은 무엇인가? 그것은 우리의 유한한 생명이 하나님의 영원한 생명 안으로 삼켜짐으로써 생겨나는 영원한 생명이다. 이 곳의 생명이 늘 새로워지거나 아마도 늘 회춘(回春)할 수도 있을 것이다. 하지만 이것은 죽을 수 밖에 없는 운명에 속해 있다. 이는 마치 "12월이 지나면 언제나" 다시 "5월이 찾아온다"는 노래 가사의 위안처럼 들린다. 하지만 그 반대로도 타당하며, 끝내는 무상함이 미래의 모든 희망을 짓눌러 버린다. 모름지기 부활의 새로운 세계가 개시되어야만, 참으로 '새로운 생명'도 시작된다.

III. 우리의 생명이 누리는 부활의 기쁨

새로운 생명의 탄생을 수반(隨伴)하고 또 이를 느끼게 하는 감정은 있는가? 사람들이 서로 다르듯이, 이런 감정도 실로 너무나 다양하다. 또 그 어떤 내적인 체험들을 진정한 성령 세례의 분명한 잣대로 삼아, 다른 사람들의 신앙 상태를 잴 수도 없는 노릇이다. 하지만 이를 지시하는 것들은 있으며, 신약성서에서 신자들은 자신들의 경험을 풍부하게 표현하고 있다.

첫 번째로 언급할 수 있는 것은 넘치는 기쁨의 감정이다. 부활의 영을 체험하는 사람은 숨을 크게 내쉬고, 삶의 패배와 불안을 떨치고 일어나며, 머리를 높이 쳐든다. 그리고 동방 교회의 부활절 찬양과 특히 부활절 예배에서 드러나듯이, 이루 말할 수 없는 기쁨이 그를 사로잡는다. 폭력과 죄책감, 생활의 낭패와 상처로부터 생명이 새롭게 태어나는 것은 엄청난 생명 긍정이다. 그리스도가 자신의 죽음의 궁극성(窮極性) — 십자가에 달리고, 죽고, 장사되었다 — 에서 깨어나 영원한 생명의 대양(大洋)으로 부활함으로써, 하나님은 우리에게도 '고통이 없는 광활한 땅'을 열어 보이신다. 우리는 성령 안에서 체험하는 하나님의 사랑으로써 생명을 사랑하기 시작한다. 이 사랑은 우리의 생명 사랑을 제한하고 억누르는 실망과 질병을 무한히 능가한다. 파스칼(Blaise Pascal)은 1654년 12월 23일의 "비망록"에 "기쁨, 기쁨, 기쁨, 기쁨의 눈물이여"라는 글을 써 놓았다. 이 글은 그의 사후(死後)에 그의 옷 안에 바느질로 새겨진 모습으로 발견되었다.

평화는 우리의 불안한 영혼 안에서 일어나는 또 하나의 하나님의 영 체험이다. 이 평화는 그리스도 안에서 하나님과 함께 누리는 평화이다. 그리고 우리는 하나님의 사랑이 얼마나 깊이 마음 속으로 부어지는가를 성령 안에서 느끼기 때문에(롬 5:1, 5), 평화를 누릴 수 있게 된다. 평화란 안식하게 된다는 것을 의미한다. 하지만 평화는 단지 이것만을 의미하지 않는다. 평화란 또한 하나님과 자기 자신과의 일치와 조화를 의미하기도 한다. 평화의 사람들에게는 조용한 확신이 넘쳐흐른다. 우리는 그들의 영혼에서 아름다운 가락을 느낀다. 우리는 위험한 순간에도 흔들리지 않는 그들의 든든함에 놀라게 된다. 모든 인간 생명은 하나의 특별한 후광(後光)을 지니고 있다. 많은 사람들은 평화가 없기 때문에 붉은 빛을 퍼뜨린다. 어떤 사람들은 언제나 자기 안정만을 추구하기 때문에 공명심(功名心)을 퍼뜨린다. 그리고 평화의 사람들이 있다. 그들에게 다가가면, 비록 그들이 특별한 행동을 전혀 하지 않고 유별나게 보이지 않더라도, 우리는 그들에게서 평화를 발견하고 평안함을 느낀다.

이런 경험들은 잊기 어려운 것이다. 비록 슬픔과 내면적 공허감의 시간이 찾아와서 우리의 생활을 끌어가더라도, 이런 경험들은 언제나 우리와 함께 한다. 왜냐하면 그것들은 우리 안에 있기 때문이다. 신자들은 예수처럼 항상 기쁘게, 밝게 그리고 평화롭게 살 수 없다. 이전의 사람들이 '시련'(試鍊)이라고 불렀던 그런 영혼의 고통이 신자들에게 늘 따라 다닌다. 예수처럼 신자들도 성령에 의해 광야로 이끌리게 된다.

여기서 내가 말하고자 하는 것은 단지 외적인 고독만이 아니라 영혼의 황량하고 어두운 시간이다. 십자가의 요한(Johannes von Kreuz)은 이를 "영혼의 어두운 밤"이라고 불렀는데, 이 때에는 기도가 전혀 응답되지 않을 뿐만 아니라 아예 멈추어 버리며, 하나님이 가까이 계시다는 느낌도 더 이상 위로가 되지 않으며, 하나님에게 버림을 받았다는 생각이 영혼을 차가운 절망으로 내몬다. 그리고 하나님에 대한 믿음이라는 것도 겟세마네와 골고다 사이에서 시련을 겪은 그리스도와의 사귐 안에서만

겨우 지탱될 따름이다. 그리스도는 겟세마네에서 "내 뜻대로 마옵시고, 주의 뜻대로 하옵소서"라고 외쳤고, 골고다에서는 "나의 하나님, 어찌하여 나를 버리시나이까?"라고 외쳤다. 이런 순간에는 경험적인 신앙도 발가벗은 신앙으로 변한다. 그리하여 하나님과 동행하는 신앙은 "그럼에도 불구하고"의 신앙으로 바뀐다. 그래서 체험이 신앙을 만드는 것이 아니라 신앙이 체험을 만든다는 사실을 깨닫는 것이 중요하다. 내면적인 성령 체험이 제아무리 좋고 또 중요하다고 하더라도, 신앙이 든든한 초석을 내리게 되는 것은 이런 성령 체험 때문이 아니라 그리스도와 함께 살고 죽고 부활하는 그런 그리스도와의 사귐 때문이다.

IV. 신앙 안에 머물고 성장함

하나님의 영으로부터 새로운 생명으로 태어나는 것에 기초(基礎)해 있는 신앙은 잃어버릴 수 있는 것인가? 아니면 잃어버릴 수 없는 것인가? 신앙의 확신은 온갖 시련 중에도 흔들리지 않고 끝날까지 견딜 것이라는 확신이기도 한가? 그리스도인들이 박해를 앞두고 있었을 때, 이런 질문은 종종 논쟁거리가 되었다. 왜냐하면 그리스도인들은 종종 고문을 받으면서 신앙을 부인할 것을 강요당하였기 때문이다. 이럴 때에 어느 누가 약해지고 넘어질 것을 걱정하지 않겠는가? 종교 개혁자들의 신학은 다음과 같이 답변한다:

참된 신앙은 잃어버릴 수 없다. 새로운 생명의 탄생은 성령으로 말미암은 것이기 때문에 언제나 하나님의 신실함 가운데 있으며, 신자들을 결코 떠나지 않는다. 만약 이 탄생이 영원한 생명으로의 탄생이라면, 그 자체로서 영원하며 파괴될 수 없다. 성령은 부활의 힘으로서 죽음, 죽음의 공포, 죽음의 불안보다 탁월하다. 넘어지지 않고 견딜 것이라는 확신은 신자들의 영혼의 힘에 근거해 있지 않고, 자신의 부르심에 신실하신 하나님의 신실함에 근거해 있다: "주께서 너희를 … 끝까지 견고케 하시리라(고전 1:8, 9).

누가복음은 '교회의 반석'인 베드로가 예수가 잡힌 후에 세 번이나 그를 부인하였지만 자신의 신앙은 잃어버리지 않았다고 말한다. 왜냐하면 주가 "시몬아, 시몬아, 보라 사단이 말 까부르듯 하려고 너희를 청구(請求)하였으나, 그러나 내가 너를 위하여 네 믿음이 떨어지지 않기를 기도(祈禱)하였노라"(눅 22:31-32)고 말하였기 때문이다. 설령 신앙의 사람들이 다른 사람들처럼 약해지고 넘어질지라도, 신앙은 그리스도의 중보 기도로 감싸여 있다. 이것을 아는 것은 하나의 큰 위로가 된다. 끝으로 그리스도인들이 알거나 느끼든 말든, 성령은 영원한 생명의 시초로서 영원히 그들과 함께 한다. 성령은 구원의 날까지 하나님의 자녀들을 '보증한다.' 이 세 가지 설명은 신자들의 견고함을 묘사하는 것이 아니라 하나님의 신실성과 신뢰성을 설명하는 것이다.

이로 인해 든든해지는 것은 자기 확신이 아니라 하나님에 대한 신뢰이다. 설령 내가 자신을 잃고 갈팡질팡할지라도, 설령 내가 자신을 포기할지라도, 하나님은 나를 포기하지 않는다.

만약 참된 신앙이 새로운 생명으로의 탄생이라면, 신앙 속의 성장도 있는 법이다. 무릇 태어난 생명은 성장하기를 바라며, 자신이 꿈꾸는 모습을 얻기를 바란다. 사람은 "주여, 나의 믿음이 없음을 도우소서"라고 말하는 것을 결코 넘어설 수 없는가? 신앙 안의 성장에 대해서는 두 가지의 서로 다른 표상들이 있다. 하나는 사람의 연령과 일치하는 '신앙의 단계'이다. 다른 하나는 성령 안의 생명의 성장, '영적인 생명'의 성장이다.

한 사람의 다양한 연령에 따라, 그리고 그 연령에 적합하게 그의 신앙도 역시 함께 성장해야 하고, 그 형태를 갖추어야 한다. 어린이처럼 천진스러운 하나님 신앙이 있는 반면, 젊은이처럼 방향을 잡아가는 신앙도 있다. 책임감 있는 어른의 신앙이 있는 반면, 노인처럼 지혜로운 신앙도 있다. 다양한 생활 체험들은 신앙에 영향을 주며, 신앙은 다양한 생활 체험에 영향을 준다. 만약 신앙이 어느 때에 정지한 채 더 이상 발전하지 않는다면, 이런 일은 매우 곤란하다. 만약 그렇게 되면, 어른들에게서 매우 유치한 신앙 표상(表象)들이 갑자기 나타난다. 14살 때에 이루어지는 견진성사(堅振聖事) 교육이 마지막 신앙 교육이 되는 경우가 종종 있었다. 사람이 죽을 때까지 한 평생 체험하는 모든 일을 위해 이 정도의 교육도 족할 거라고 가정하는 것은 매우 소박한 생각이다. 신앙하면서 살아간다는 것은 생활과 신앙의 문제들과 끊임없이 씨름한다는 것을 의미한다. 신앙은 생활을 긴장시킨다. 왜냐하면 사람은 늘 거듭 문제에 부닥치면서 이에 대한 해답을 먼저 찾기 마련이기 때문이다.

하지만 '신앙 안에서 성장한다'는 것과 생명의 성화(聖化)가 날로 깊어지고 은밀해진다는 것은 다른 의미도 갖고 있다. 신앙의 성장과 발전이 지향하는 미래는 이 땅의 인간적 생활을 넘어서 하나님의 미래, '예수 그리스도의 날', 하나님의 영원한 나라에 이른다. 성령은 우리의 현재를 하나님의 이 미래와 동여맨다. 그래서 우리는 성령 안에서 하나님의 오심을 기다리며, 이 땅에서 이미 하나님의 도래(到來)를 조금 맛본다. 그래서 바울은 이 땅에서 성령을 그 미래의 "선수금"(先手金)이라고 부른다. 성령은 아직도 오지 않은 것을 보증한다. 하나님의 영은 하나님의 영광이 온 세계에 가득할 그 미래로 인도하는 위대한 동력(動力)임을 우리는 친히 느낀다. 우리가 하나님의 나라에서 안식하게 될 때까지 하나님의 영은 우리의 마음을 불안하게 한다. 성서의 이해에 따르면, 다양한 "영의 은사들"은 초자연적인 은사들이 아니라 미래의 능력, "내세의 능력"(히 6:5)이다.

만약 "새 생명의 탄생"이라는 상징이 당사자들을 일컬어 "갓 태어난 어린이와 같은 자들"이라고 한다면, 이것은 이 새로운 생명이 성장하고 성숙해진다는 점을 염두에 둔 말이다. 바로 이런 의미에서 신앙은 단련되고, 하나님을 아는 지식은 진보하고, 의지는 강해지고, 마음의 확신은 날로 더 깊어진다. 물론 이러한 진보는 언제나 또 다른 시작이 될 것이다. 너무나 자주 우리는 출발선과 기대 이상을 넘어가지 못한다. 하지만 모든 시작은 완성을 바라보고 있다. 만약 그렇지 않다면, 이 시작은 결코 시작이 아닐 것이다. 하지만 새로운 영적인 생명 가운데서 우리에게 일어나기 시작한 그 일의 완성을 우리는 어디서 찾을 수 있겠는가? 많은 사람들은 이 세상에 사는 동안에도 '죄가 없는 완전함'이나 완전한 성화(聖化)가 가능하다고 생각하였다.

하지만 이것은 잘못이다. 이 세상에서 지금 성령 안에서 이루어지는 새 탄생의 완성은 죽은 자들의 부활과 내세의 생명 안에서 비로소 완성될 것이다. 그러므로 이 세상에서 하나님을 아는 우리의 지식은 부분적인 것이다. 완전한 것이 올 때, 비로소 부분적인 것은 사라진다(고전 13:10). '완성'은 시작으로부터 자라나지 않으며, 스스로 발전하지도 않는다. 완성은 하나님의 도래 속에서 우리에게로 온다. 지금 우리가 성령 안에서 하나님의 사랑으로 체험하는 그것이 장래에는 하나님의 영광이 되리라고 우리는 기대한다. 신앙 안에서 우리가 성장하고 기다린다는 것은 우리에게 '오고' 있는 영생과 모순되지 않는다. 오히려 기다림

은 성장을 촉구한다:

> 일어나라, 빛을 발하라. 이는 네 빛이 이르렀고, 여호와의 영광이 네 위에 임하였음이라(사 60:1).

《생명의 샘》, 위르겐 몰트만, 이신건 옮김, (대한기독교서회, 2000), pp. 42-56.

열번 째 마당

희망에 관한 묵상

-1995년 2월 2일 벨기에 루벤 가톨릭대학교의 후원회 강연-

I.

나는 지금 두 천사를 보고 있습니다. 하나는 역사의 천사입니다. 파울 클래(Paul Klee)는 이 천사를 그림으로 그렸고, 발터 베냐민(Walter Benjamin)은 그에 대한 해석을 붙였습니다. 이 천사의 얼굴은 과거를 향해 있습니다. 사건들이 꼬리를 물며 우리 앞에 나타날 때, 이 천사는 폐허 더미를 계속 쌓아올리는 하나의 재앙만을 쳐다봅니다. 자기 앞에서 역사의 폐허 더미가 하늘 높이 쌓여가지만, 그는 미래를 등지고 말았습니다.

다른 하나는 미래의 천사입니다. 예언자 말라기는 그를 보았습니다. 그는 하나님이 우리의 역사 안으로 들어오시는 길을 예비합니다. 그는 "계약의 천사", 약속의 천사입니다. 마리아는 그의 음성을 들었으며, 그를 믿었습니다:

당신이 말씀하시는 대로 이루어지소서.

머리가 희끗희끗한 시몬은 메시야적인 어린이 안에서 성취된 약속을 보았습니다:

> 당신의 종을 평화롭게 보내심은 내 눈이 당신의 구원을 보았기 때문입니다.

이 미래의 천사는 우리 인간의 역사의 폐허 더미를 슬픔과 분노 속에서 되돌아보지 않습니다. 그는 오시는 하나님의 미래를 눈을 크게 떠서 바라보며, 신적인 어린이의 탄생을 예고합니다. 그의 날개와 옷깃 사이로 하나님의 영이 폭풍처럼 불고 있습니다. 마치 이 폭풍이 그를 우리의 역사 안으로 보내주기라도 한 것 같이 말입니다. 그는 하나님의 약속의 영으로부터 미래의 탄생을 가져옵니다.

많은 화가들이 이 미래의 천사를 그렸습니다. 우리 가운데서도 많은 분들이 이런저런 방법으로 그를 만났습니다. 성공과 승리 가운데서 그를 만나기란 쉽지 않습니다. 오히려 우리가 그를 만나게 되는 것은 대체로 우리의 삶이 망가졌을 때입니다. 왜냐하면 미래의 천사와 역사의 천사는 바로 하나이기 때문입니다. 정확히 50년 전에 오스트엔데(Ostende) 인근, 이곳에 위치한 한 포로수용소의 차갑고 어두운 한 숙소에서 나는 이 천사를 만났습니다. 나의 민족이 전쟁 중에 곳곳마다 쌓아올렸던 그 폐허 더미로 인해 절망하던 중, 나는 산 희망으로 거듭났습니다. 망가진 나의 삶을 포기하려고 할 때, 하나님은 나를 일으켜 세워주셨습니다. 모든 선한 영혼들에게 버림을 받았다고 느꼈을 때, 나는 그리스도가 고난받는 나의 형제임을 깨달았습니다.

II.

내가 이 새로운 희망으로 살아가면 갈수록, 이 희망은 내게 더욱 더 분명한 것이 되었습니다. 젊음이라는 것이 제 아무리 아름답다고 할지라도, 생명에 대한 우리의 참 희망은 우리가 젊다는 느낌으로부터 생겨나지 않습니다. 또 역사의 객관적인 가능성이 제 아무리 무한하다고 할지라도, 참 생명에 대한 희망은 이 가능성으로부터 생겨나지도 않습니다. 생명에 대한 우리의 참 희망은 하나님의 위대한 신비로 인해 각성되고, 유지되며, 또 궁극적으로 완성됩니다. 이 신비는 우리 위에 있고, 우리 안에 있으며, 우리를 둘러싸고 있습니다. 그리고 이 신비는 우리 자신보다 더 가까이 있습니다. 이 희망은 우리의 생명과 이 세상을 위한 위대한 약속으로 다가옵니다. 그 어떤 것도 헛되지 않을 것입니다. 우리의 희망은 이루어질 것입니다. 마지막에는 모든 것이 잘 될 것입니다! 또한 이 신비는 생명으로의 부름 속에서 다가옵니다. "내가 사니, 너희도 살 것이다." 우리는 이 희망으로

부름 받았습니다. 그리고 이 희망은 종종 하나의 명령처럼 들립니다. 그것은 곧 죽음과 그 세력들에 맞서 싸우라는 부름이요, 생명을 사랑하고 보호하라는 명령입니다. 모든 생명, 다함께 누리는 생명, 온전한 생명 말입니다.

희망하는 법을 터득할 수 있습니까? 나는 그렇다고 믿습니다. 왜냐하면 우리가 출생과 함께 이 참 희망을 가지고 올 수는 없기 때문입니다. 생활 경험을 통해 우리가 현명해질 수는 있겠지요. 하지만 우리가 언제나 희망에 차 있을 순 없습니다. 희망을 배우려면, 자리를 털고 나가야 합니다. 만약 우리가 생명을 긍정한다면, 사랑하는 법을 배우게 됩니다. 그리고 만약 우리가 미래를 긍정한다면, 희망하는 법을 배우게 됩니다. 아주 소박하게 들리겠지만, 서로 다른 생활 조건들 속에서 살아가는 우리에게 이 말은 아주 중요한 말입니다. 영혼의 무감각(*Apathie*)에 맞서 싸워야만 할 때, 우리는 희망의 능력을 경험하게 됩니다. 앞길이 캄캄해도 "그래도 괜찮아!"(*Dennoch!*)라고 말하고 용감하게 살아갈 때, 이 희망의 능력이 우리의 삶을 붙들어 준다는 사실을 느끼게 됩니다. 인류와 지구의 미래가 제 아무리 암담하게 여겨질지라도, 희망한다는 것은 살아간다는 것과 살아남는다는 것을 의미하며, 창조된 생명을 위하여 일하고 싸운다는 것을 의미합니다. 교부(敎父) 크리소스톰(Chrysostom)은 "우리를 멸망에 빠뜨리는 것은 죄악이 아니라 차라리 절망이다"라고 말한

적이 있습니다. "아무래도 좋다!"는 냉담함 때문에 오늘날 우리는 멸망해 가고 있습니다.

참 희망은 맹목적인 것이 아닙니다. 영혼의 내면 세계의 구원을 바라는 신비주의적인 희망만이 눈을 감아 버립니다. 새로운 세계를 바라는 메시야적인 희망은 눈을 크게 뜨고 미래를 바라봅니다. 하지만 이 희망은 역사의 지평에 떠오르는 것보다 더 큰 것을 바라봅니다. 인도네시아 말로 희망은 "지평을 꿰뚫어 본다"는 뜻을 지니고 있습니다. 참 희망은 현 세계의 묵시적 지평들을 꿰뚫고 만물이 하나님의 나라와 영광 안에서 새롭게 창조될 날을 바라봅니다.

따라서 우리는 이 세계 안에서 새로운 행동을 하게 됩니다. 파멸하는 우리 세계의 위기 속에서 지평을 꿰뚫고 하나님의 새로운 세계를 바라보는 자는 위험 가운데서도 희망에게 사로잡히며, 위험에 맞서 희망에 따라 살아갑니다. 그래서 우리는 파라독스(*Paradox*)라는 말 그 뜻대로 행동합니다. 즉 우리는 눈에 보이는 것(*dox*)과 정반대로(*para*), 결과와 정반대로 행동합니다. 왜냐하면 우리의 눈이 세계의 미래를 바라볼 때, 우리는 희망 속에서 눈에 보이는 것보다 더 큰 것을 바라보기 때문입니다. 그리고 우리는 이 세계가 하나님의 나라 안에서 의롭게 되고 구원될 것을 기대합니다. 핵무장에 맞서 평화를 위해 투쟁하는 가운데서, 그리고 폭력과 인종차별의 독재에 맞서 정의를 위해 투쟁하는 가운데서 많은 사람들은 이를 체험하였습니다. 성공하든지 실패하든지 간에, 우리는 우리가 마땅히 해야 할 것을 합니다. 비록 우리 자신의 사회와 충돌하게 되더라도, 우리는 우리가 바라보는 하나님의 미래에 따라 행동합니다. 우리는 장미가 피어나는 것과 마찬가지로 내적인 필연성으로부터 행동합니다. 장미는 어째서, 무엇 때문에 피는지 묻지 않습니다. 장미는 그저 피어날 따름입니다. 참 희망으로부터 사는 것도 바로 그렇습니다.

하지만 우리가 희망하는 최종적인 근거가 우리가 바라고 소원하고 기다리는 대상에 있는 것은 결코 아닙니다. 그것은 우리에게 바라시는 분이 계시고, 우리에게 소원을 두시는 분이 계시다는 사실, 그리고 우리를 기다리시는 분이 계시다는 사실 안에 있습니다. 무엇이 우리를 기다립니까? 그 무엇이 우리를 기다리고 있습니까? 아니면 우리는 홀로 있습니까? 하나님의 신비에 대한 신뢰 위에 우리의 희망을 세울 때마다, 우리는 가슴 깊이 이것을 느끼게 됩니다. 즉 여러분을 기다리시는 분, 여러분에게 희망을 두시는 분, 여러분에게 그 무엇을 맡기시는 분이 계십니다. "잃어버린 아들"의 비유에서 아들이 그의 아버지로부터 기다림을 받듯이, 우리는 기다림을 받습니다. 어머니가 그의 자식들을 품에 안고 위로하듯이, 우리는 영접을 받습니다. 하나님이 우리의 마지막 희망이 되시는 것은 바로 우리가 하나님의 첫 사랑이기 때문입니다. 우리는 하나님이 자신의 세계를 위해 꾸시는 꿈이요, 사랑하시는 그분의 땅 위에서 그분을 빼어 닮은 모습입니다.

하나님은 자신의 인간성(Menschheit)을 바라십니다. 이 인간성이 참으로 '인간적인'(menschlich) 것이 되길 바라십니다. 그러기에 우리에게도 참 인간이 되려는 갈망이 움틀거리는 것입니다. 하나님은 인간적인 인간을 바라십니다. 그러기에 하나님은 우리가 개인적으로, 그리고 정치적으로 범하는 모든 비인간적인 행위들 때문에 괴로워하십니다. 하나님은 우리가 그 분의 형상, 그분의 메아리와 그분의 응답이 되기를 바라십니다. 그러기에 하나님은 언제나 우리를 향해 참으시며, 폭력과 고통으로 얼룩진 우리의 역사의 파편들을 지고 가시는 것입니다. 하나님은 침묵하시지 않습니다. 하나님은 '죽지' 않으셨습니다. 하나님은 기다리십니다. 기다릴 수 있다는 것은 가장 강력한 힘입니다. 하나님은 우리의 일을 참으시며, 우리를 참으십니다. 하나님은 우리에게 시간을 허락하시며, 우리에게 미래를 주십니다.

하나님은 그 분의 피조물들이 집으로 돌아오기를 바라십니다. 하나님은 그 분의 나라에서 피조물들이 없이 홀로 안식하기를 원치 않으십니다. 독일 찬송가에 쓰여져 있듯이, "우리는 아직도 전혀 망하지 않았다"(*Es ist mit us noch nicht gar aus*)는 사실, 이것이야말로 세계사의 큰 기적이라고 나는 생각합니다. 우리가 아직도 망하지 않은 것은 우리를, 그리고 자신의 모든 피조물들을 참으시고 찾으시며 유혹하시는 하나님의 위대한 희망 덕분입니다. 하나님은 우리 안에서, 그리고 자신의 세계 안에서 안식하실 때까지 자신의 영 안에서 안식하지 못하십니다.

III.

하나님에 대한 우리의 희망은 구름이 가는 데까지 미치며, 지구의 온 생명권(生命圈)을 포괄합니다. 이 희망은 전체적이고, 문자 그대로 가톨릭적(catholisch: 보편적)이고, 모든 경계를 뛰어넘으며, 만물을 포괄합니다. 이러한 전체성은 오늘날 위험에 처해 있습니다. 모든 세계적인 기구들과 그 보편적인 가치들은 오늘날 의미와 영향을 잃어가고 있습니다. 그 반면에 개별적인 집단 이익들은 힘을 얻어가고 있습니다. 사람들은 보편적인 인권보다는 자신들의 공동체 이익에 집착합니다. 자기 나라의 권리가 모든 사람들을 위한 시민권보다 더 중요하게 여겨지고 있습니다.

발칸 반도에서는 민족 국가가 자신의 깃발을 다시금 펄럭이고 있으며, 잔혹한 '인종 청소'를 자행하면서 인간 경시의 얼굴을 드러내고 있습니다. 우리는 다가오는 세대들을 희생시키는 대가로 살아가고 있으며, 지금까지 인류의 생존을 보장해 왔던 세대 간의 보편적 협약(協約)을 파기하고 있습니다. 경이로운 이 지구 위에서 다른 모든 동료 피조물들과 함께 공생(共生)하는 것을 추구하는 대신에 우리는 지구를 착취하고, 그 생명계(生命

界)를 파괴합니다. 모두가 오직 함께 살고 함께 일함으로써만 살아남을 수 있다는 사실을 우리가 정확히 알고 있음에도 불구하고, 오늘날 개별적인 집단 이익들이 다시 관철되고 있습니다. 인류의 공동 미래에 대한 관심을 포기하고, 자기 자신들의 역사로 퇴행하며, 모든 것을 마음대로 혹은 '다양하게 골라잡을 수 있다'고 하는 것을 많은 사람들은 '탈현대적'(postmodern)이라고 부릅니다. 공동체의 이런 와해는 '다가오는 혼란'이요, 멸망에 이르는 가장 빠른 길입니다.

꼭 우리 때문만은 아닙니다. 하나님 때문에 우리는 희망의 보편성을 포기해서는 안 됩니다. 교회는 자기 자신을 위해서가 아니라 하나님의 나라를 위해 존재합니다. 인권이 파괴되는 곳이라면 그 어디든지 이를 지키려고 헌신할 때, 교회는 이 파괴된 세계 안에서 오고 있는 하나님의 나라를 대변합니다. 만인은 자유롭게, 그리고 평등하게 창조되었습니다. 이 지구의 생명계(生命界)를 지키기 위해 헌신하고 피조물들의 사귐을 구현할 때, 교회는 오고 있는 하나님의 나라를 대변합니다. 오늘날 다가오는 세대들의 권리를 대변하고 목소리를 전혀 낼 수 없는 사람들의 목소리가 되어 줄 때, 교회는 다가오는 하나님의 나라를 대변합니다. 설령 아무도 이제는 보편적으로 생각하기를 원치 않는다고 하더라도, 보편적인 교회(*Ecclesia universalis*)는 하나님의 보편적인 희망을 통해 생겨났으며, 또 이를 대변합니다. 미래의 천사는 그 약속이요, 그 방패입니다.

《생명의 샘》, 위르겐 몰트만, 이신건 옮김, (대한기독교서회, 2000), pp. 57-63.

열 한번 째 마당

희망이 있는 곳에 종교가 있다

희망의 철학과 희망의 신학[1]

I. 에른스트 블로흐와 신학

에른스트 블로흐는 신학자들도 매우 고맙게 생각해야 할 철학자이다. 그에게 가까이 다가가면, 그는 우리를 안심시키고 우리에게 용기를 주고 질문하는 법을 가르치는 친구가 되어 주었다. 여러 나라에서 온 젊고 나이든 많은 신학자들은 그가 죽기 전 여러 해 동안에 넥카(Neckar) 강변의 집으로 몰려들었으며, 그를 마주보고 작은 탁자 앞에 앉아서 질문을 주고 받았으며, 그런 후 그들은 이전보다 더 희망에 가득 차서 제 길로 돌아갔다! 그에게는 허영심과 거만함이 전혀 없었기 때문에, 그에게 다

---

[1] 1985/1986년 겨울학기에 튀빙엔 대학 신학부의 합동강의에서 행한 강연임.

가간 모든 사람들마다 신뢰와 형제사랑의 공기를 느낄 수 있었다. 또 그는 자신의 일과 그 시대의 질문에 너무나 몰두해 있었기 때문에, 그와 가까이 한 사람들은 무책임한 대화를 나눌 수 없었다. 그와의 정신적 사귐 속에서 신학자들도 그 자신의 성서적인, 다시 말하면, 유대교적이고 그리스도교적인 희망의 지평을 다시 발견하기 시작했으며, 그 자신의 비판적인 희망의 실천을 배우기 시작했다.

내가 에른스트 블로흐를 알게 된 것은 그가 75세의 고령의 나이였을 때였다. 그가 죽기 전날의 마지막 대화시간까지 나를 감동시켰던 것은 그의 사상의 원초성이었으며, 달리 말할 수 있다고 한다면, 그의 존재의 천진스러움(어린이 같음)이었다. 그는 다른 사람들이 쉽사리 잊어버리는 것, 즉 단순한 질문과 무한한 놀라움을 가슴에 품을 수 있었다. 그는 이것을 1918년의 《유토피아의 정신》(*Geist der Utopie*) 이래로 "순간적으로 경험하는 어두움"이라고 불렀다. 이 원초성의 창조적이고도 무진장한 현존(現存)으로부터 그는 질문했고, 사고했으며, 이야기했다. 이 현존 안에서 그는 참으로 진실했다. 그는 다른 사람들이 무심히 지나치는 사물에 주목했다. 그는 사람들이 단지 똑같은 것만을 보는 곳에서 변화를 깨달았다. 그는 다른 사람들이 아무런 악보도 발견하지 못하는 곳에서 음악소리를 들었다. 그의 생활세계는 그가 해독하려고 애썼던 자취들, 표지들과 신호들로 가득 찼다. 그리고 그는 다른 사람들의 눈과 귀를 열어 줄 수 있었다.

그의 모든 저서들의 거의 매 소제목마다 단순한 것, 가까이 있는 것, 자명한 것을 말하고 이에 대해 깊이 놀라는 것으로써 시작한다. "나는 존재한다. 그러나 나는 나를 소유하고 있지 않다. 그래서 우리는 이제야 존재하는 자들이 된다"라고 《자취들》(*Spuren*, 1930년)의 첫 페이지는 말한다. 그의 철학 전체를 포괄하는 문장은 세 개인데, 모든 사람들은 이 문장들을 이리저리 섞어서 자신의 생활, 희망, 고통, 고독과 사귐을 이야기할 수 있게 된다.

우리는 누구인가?
우리는 어디로부터 왔는가?
우리는 어디로 가는가?

1959년의 《희망의 원리》(*Das Prinzip Hoffnung*)는 바로 이 태고의 형이상학적인 질문들과 함께 시작하여, 다음과 같이 진행한다.

우리는 무엇을 기다리는가?

이것은 인간의 희망에 관한 질문이다.

무엇이 우리를 기다리는가?

이것은 전혀 다른 것의 도래에 관한 질문, 종말론적인 질문이다. 세계의 미래에서, 자신의 죽음에서 도대체 무엇이 우리를 기다리는가? 블로흐는 다른 사람들이 더 이상 질문하지 않는 게 더 낫겠다고 생각할 때에 자꾸 질문했다. 그러므로 단순한 것, 즉 우리가 질문하고 싶은 것을 질문하는 것, 우리가 바라는 것을 희망하는 것은 가장 어렵게 여겨진다. 왜냐하면 우리 자신은 이제 단순하지 않게 되었기 때문이다. 에른스트 블로흐에게서 이 어려운 질문들은 다시금 쉬운 질문들이 되었다. 이것은 그가 지니고 있는 해방적인 힘이었다.

가장 깊은 것을 생각하는 자는 가장 살아 있는 것을 사랑한다.

이 점에서 그는 횔더린(Hölderlin)을 닮았다. 그리고 그의 《희망의 원리》가 결국 보편적으로 확장된 범주인 '고향'에서 성취되기를 바란다는 사실은 블로흐가 간직했던 어린이의 광채를 되돌아보게 한다.

신학자로서의 에른스트 블로흐, 이는 신학자들에게, 그 자신만이 아니라 그의 친구와 그의 적들에게 하나의 도발적인 주제이다. 그렇지만 이것은 억누를 수 없는 적절한 주제이다.[2] 나는 우리의 첫 만남을 잘 기억하고 있다. 이 만남이 이루어진 것은

열한 번째 마당 - 희망이 있는 곳에 종교가 있다　183

1959년 겨울 부퍼탈에서 라이프치히의 철학자가 강의를 끝낸 후였다. 우리는 연기가 자욱한 한 맥주홀에 앉았다. 나는 조금 순진하게 다음과 같은 질문을 그에게 던졌다:

> "블로흐 씨, 그렇지만 당신은 무신론자가 아닙니까?" 이 질문을 받자 그는 눈을 번쩍이며 쉰 목소리로 저돌적으로 말했다: "나는 하나님 때문에 무신론자입니다."

이 역설 안에는 하나님과 투쟁한 그의 긴 역사가 들어 있다. 이 역설 안에는 두 가지, 즉 프로메테우스와 욥, 모세의 우상금지와 십자가에 못박힌 자의 외침, 마이스터 엑카르트의 신비신학과 맑스주의의 종교비판과 또 개인적인 것이 들어 있다. 블로흐는 공식적이거나 교회적인 '신학'에 종사한 적이 전혀 없었다. 그는 《유토피아의 정신》 때문에 '혁명적인 영지주의'의 이단적인 신앙에 충실했다. 그렇지만 그는 이미 1918년에 "하나님의 나라를 위한 의지 안에서 하나가 되어 맑스주의와 종교"를 묵시록의 추수축제" 안으로 받아들이려고 하였다. 이로써 그가 의미한 것은 궁극적으로 성취된 인간의 자기 만남이었다. "우리가 다 수건을 벗은 얼굴로 거울을 보는 것같이 주의 영광을 보

---

2) J. Moltmann, *Im Gespräch mit Ernst Bloch,* München 1976.; H. Deusler/P. Steinacker(Hg.), *Ernst Blochs Vermittlungen zur Theologie,* München/Mainz 1983를 보라.

매 …"라는 바울의 말을 그가 즐겨 인용하는 것은 하나님의 이름을 거룩하게 함으로써 그의 첫 저서 《유토피아의 정신》를 마감하기 위함이다. 하나님의 이름을 거룩하게 하는 일은 "하나님을 불러내는 우리의 철학과 기도로서의 진리"의 손에 맡겨져 있다. 어떤 철학자가, 언제 그의 철학을 일컬어 "하나님을 불러낸다"고 하였으며, 기도로써 그의 저서를 마감하였는가?! 단지 신학자들만이 그렇게 하고, 신학자들 중에서도 단지 소수만이 그렇게 하며, 이들도 오직 드물게 그렇게 한다. 아직도 나타나지 않은 영광의 나라를 향한 이 메시야적 열정은 그의 모든 저서를 이끌어 가는 하나의 동기로서 느껴질 수 있다. 물론 그는 나중에 이 메시야적 희망을 적극적으로 표현하는 것에 주저했다.

그리고 귀족교회(Herrenkirche)와 종교적 체념에 대해 비판할 때, 그는 점점 더 엄격해졌다. 하지만 그가 특히 그리스도인들에게 바쳤던 저서 《그리스도교 안의 무신론》(1968년)에서도, 부제가 말하듯이, 궁극적으로는 정치적으로도 믿을 수 있는 '엑소더스와 하나님 나라의 종교'의 형태가 여전히 압도적으로 지배한다. 계급지배의 분석과 기존하는 민중소외에 대한 비판으로서의 맑스주의와 또 이러한 비참을 극복하는 능력으로서 가난한 자들에게 약속된 하나님 나라의 묵시록에 대한 종말론적 희망이 하나로 어울려져서, 그 어떤 페이지도 내버릴 필요가 없고, 모든 페이지마다 제 몫을 충실히 감당한다.

이렇게 블로흐는 60년대에 신학자들에게 왔고, 신학자들은 그에게 왔다. 그 이래로 그리스도인들은 사회주의자들에게 왔고, 사회주의자들은 그리스도인들에게 왔다. 가난한 자들에게 약속된 하나님의 나라를 위한 의지 안에서 하나가 되어, 그들은 무리의 화를 무릅쓰고 견고한 요새를 버렸으며, 목자들과 요새 지휘관들의 진노를 불러들였다. 민중 소외의 공동적인 실제 문제에 개입하면 할수록, 그들은 자신들에게 확신을 주는 하나님 나라의 영을 더 많이 느낀다. 상호간에 정직하게 비판하는 일은 이 일을 위한 조건이다. 블로흐는 이것을 다음과 같이 표현한다:

오직 무신론자만이 좋은 그리스도인이 될 수 있다.

왜냐하면 철두철미한 무신론은 이 세상의 우상들과 신들로부터 해방시키기 때문이다. 나는 그 때 그에게 이렇게 대답했다:

오직 그리스도인만이 좋은 무신론자가 될 수 있다.

왜냐하면 십자가에 못박힌 그리스도를 믿는 신앙은 대체 종교, 인간숭배와 정부에 대한 두려움으로부터 해방시키기 때문이다. 그 당시 블로흐는 자신이 "공여제품"(供與製品)이라고 칭한 것을 즉시 받아들였으며, 그가 《그리스도교 안의 무신론》이라는 저서로써 의도했던 바를 모토에서 두 비판적인 문장으로 해명했다. 그는 다음과 같은 내용의 콜라즈(Collage)를 통하여 맑스주의와 그리스도교 사이에 새로운 혼인관계를 맺으려고 하였다:

맑스는 말했다: 급진적이 된다는 것은 사실의 뿌리를 파악한다는 것을 의미한다. 그러나 모든 (사회적인) 사실의 뿌리는 인간이다. 요한일서는 인간이라는 뿌리를 그 어떤 것의 원인으로 생각하기보다는 그 어떤 것을 위한 규정으로 생각하면서 다시금 말했다: '장차 우리가 무엇이 될 것인지는 아직 드러나지 않았다. 그러나 그것이 드러날 때면, 우리는 그분과 같아질 것임을 안다. 이는 우리가 그분이 계신 모습 그대로 그분을 알 것이기 때문이다.

이에 대해 블로흐는 말했다.

만약 이 두 본문들이 서로를 읽었거나, 서로 한 번 만났더라면, 만물 안의 소외와 그 극복 가능성이라는 실제 문제 위에도 탐구적인 빛과 유토피아적인 빛이 다같이 비추었으리라.[3]

이 결합은 60년대의 유럽의 '정치신학'에 영향을 주었다. 이것은 라틴 아메리카의 '해방신학'에 영향을 끼치고 있다. 이에 못지 않게 이 결합은 니카라구아의 그리스도인들과 산디니스트들을 소모사 독재에 저항하는 하나의 공동 해방전선으로 불러들였다. 에른스트 블로흐라는 이름은 맑스주의적 비판과 그리스도교적-메시야적 희망의 이러한 결합을 대변한다.

---

3) E. Bloch, *Atheismus im Christentum,* Frankfurt 1968, p. 351.

에른스트 블로흐-주먹을 높이든 늙은이-는 '사회주의'라는 단어에 대해 개인적으로 부정적인 경험을 갖고 있거나 이 단어를 단지 사적인 소원의 꿈으로써 채우는 많은 동시대의 사람들에게 하나의 수수께끼가 되었다. 분단된 독일에서 사회주의에 관한 논의는 여기서 표현되는 억압과 광란증세 때문에 일반적으로 매우 불쾌한 것이었다. 에른스트 블로흐가 다양한 형태의 사회주의를 섭렵했다는 사실은 열광시키면서도 동시에 실망시켰고, 환영을 받으면서도 동시에 경멸을 받았으며, 새로운 희망을 주면서도 동시에 많은 사람들이 그와 함께 하기를 꺼리도록 만들었다. 그럼에도 불구하고 여기에는 은폐된 이데올로기적 수수께끼가 전혀 없으며, 오히려 매우 단순하고 아주 명확한 것도 있다:

> 사회주의와 공산주의는 도덕의 이름 아래 오래 동안 추구되었지만 성공하지 못한 것이다(Politische Messung, 1970).

도덕 때문에, 자신을 존중하라는 칸트의 정언적 명령(定言的 命令)과 순수한 요구 때문에, 에른스트 블로흐는 제1차 세계대전 중에는 평화주의자가 되었고, 바이마르공화국에서는 맑스주의자가 되었으며, 1961년에는 동독의 독재주의적 사회주의를 버렸고, 서독에서는 민주주의적 사회주의를 위해 싸웠으며, 인간에게는 자기만남을 가능케 하고 세상에게는 동일성(정체성)의 고향을 가까이 가져다 줄, 범인간적이고 자연스러운 공산주의를 희망했다.

사회주의 운동에 참여하기 전까지 블로흐는 도덕주의자였다. 그는 분노와 전투적인 희망 속에서 항상 이러한 흠 없는 도덕주의자였다. 도덕 때문에, 즉 '수고하고 무거운 짐을 진 자들'을 위하여, 그는 사회적 유토피아를 현재화했다. 도덕 때문에 그는 미래가 있는 자연법, 즉 '억눌리고 모욕당하는 자들'을 위한 정의의 유토피아를 발전시켰다. 도덕 때문에 그는 오늘 날 통용되는 '곧은 길'과 '높이 든 머리'의 상징을 그렸다. 도덕, 인권 그리고 자기 존중의 문제로서의 사회주의, 민주주의 그리고 공산주의는 실로 거꾸로 실제로 존재하는 사회주의, 실제로 존재하는 민주주의 그리고 아직은 전혀 존재하지 않지만 이제 실현되었으면 하고 바라는 공산주의에 대한 비판적인 질문으로서, 즉 그 '인간적인 얼굴'에 대한 질문으로서 도덕을 제기한다.

에른스트 블로흐는 그가 죽음, 불멸 그리고 부활을 어떻게 이해하는지 종종 신학자들로부터 질문을 받았다. 그가 자신의 저서, 인터뷰와 개인적 대화에서 이 질문에 대해서 항상 냉정하게 대꾸했다는 것은 주목할 만하다. 그는 자기 자신의 죽음에 대해서도 놀라지 않았다. 그는 죽음 위에 아무런 덮개(*idola mortis*: 죽음의 우상)도 덮지 않았다. 그러나 바울에게서와 마찬가지로 그에게서도 죽음은 '철저한 반(反)유토피아'와 비밀, 즉 '아직 해명되지 못한, 표상할 수 없는 무(無)'였다. 하지만 그는 위를 향한 하나의 결합을 알고 있었다. 그는 '소리나는 침묵'인 음악에서 '절대적인 침묵'인 죽음과의 결합을 발견했다. 나의 아내와 내가 방문했던 그의 사망 전날 밤에 그는 자신이 가장 좋아하던 음악 베토벤의 피델리오 서곡을 다시 들었다. 마지막 악장에서 포로들의 해방을 알리는 트럼펫 소리는 늘 그의 마음을 매우 사로잡던 소리였다.

> 베토벤은 여기서 메시야의 도래를 미리 알린다. 감옥 주위로 소리가 울려 퍼지자 자유, 유토피아적 회상, 위대한 순간이 펼쳐지고, 성취된 희망의 별이 여기서 지금 빛난다.

에른스트 블로흐 자신의 저서는 사로잡힌 자들, 억눌린 자들 그리고 죽은 자들을 위해 울리는 저 트럼펫 소리와 함께 오는 미래를 알리는 그러한 메시야적 서곡이다. 블로흐는 소외, 착취, 억압과 죽음 가운데 사로잡힌 자들을 '희망에 사로잡힌 자들'로 만들었다. 죽음에 맞서서 그는 '모든 일에 흔들림이 없는 자세' (non omnis confundar)를 굳건히 지켰다(PH 1388). 이 말은 그리스도교의 한 예배의식서에서 유래한 말이다:

> "In te, Domine, speravi, non confundar in aeternum"
> (주여, 나는 당신을 바라보오며, 영원히 흔들리지 않습니다).

II. 메시야 사상, 종교 그리고 무신론

에른스트 블로흐가 1961년에 라이프치히로부터 튀빙엔으로 이주해 오기 일년 전에 나는 그의 저서 《희망의 원리》를 서독에서 "메시야 사상과 맑스주의"라는 제목으로 소개하려고 했다. 비록 1960년대에 학생과 시민, 노동조합과 정당, 교회와 학교로 하여금 더 많은 민주주의를 위한 생활의 개혁을 목표로 일어나게 한 것은 그의 민주주의적 사회주의였지만, 나를 개인적으로 사로잡았던 것은 그의 메시야 사상이었다. 나는 그 당시에 질문했다.

> 블로흐(희망의 원리)에게서 메시야 사상이 맑스주의를 이겼는가, 아니면 메시야 사상이 맑스주의에 졌는가?

오늘의 나라면, 더 이상 그처럼 "이것이냐 아니면 저것이냐?"라고 묻지는 않았을 게다. 메시야 사상은 그의 사회주의를 총괄하는 전망과 내적인 동기인 것같이 여겨진다. 그리고 민주주의적 사회주의는 오늘 날의 자본주의의 비참 앞에서 메시야 사상의 현재적인 역사적 형태인 것 같다. 베냐민(W. Bennjamin)은 1919년에 그의 친구 게르슘 숄렘(Gerschom Scholem)에게 다음과 같이 보고했다.

블로흐는 지금 그의 주저서, 이론적 메시야 사상의 체계에
몰두하고 있다.

메시야 정신은 사회주의만이 아니라 민주주의도 그 경직화로
부터 해방시켜 주고, 양자를 더 큰 미래의 전망으로 열어 준다.
이 정신은 양자를 '유동상태 안으로' 인도하고, 지금까지 중재
되지 않은 대립 요소들을 중재한다. 그것도 오직 '유동상태 안
에서'만 그러하다.

1. 종교사의 메시야적 해석

희망이 있는 곳에 종교가 있다. 하지만 종교가 있는 곳이라
고 항상 희망이 있는 것은 아니다.

《희망의 원리》 53장에서 블로흐는 대 종교들, 특히 초기의
이른 바 "창설자 종교"(Stifterreligion)의 메시야적 해석에 착수
했다. 블로흐에 의하면 대종교의 특별한 의미는 그 종교가, 종교
적 비밀과 나란히 그리고 그것과 함께, 비밀을 계시하는 '창설
자의 종교적 비밀 안으로의 자기투신'(自己投身)을 경배한다는
사실에 있다. 모든 종교행위의 출발선 상에 있는 예외적인 인간
적 초월은 신적 초월에 속한다. 그러므로 창설자 종교에서 창설
자의 유일회적인 종교행위는 처음으로 일어난 것으로 간주되고,

모방의 모범으로 높여지며, 여기서 경험되는 초월과 함께 중재의 싸크라멘트(성례전)로 경축된다. 물론 중재자 자신은 그가 중재하는 바로 그 대상은 아니다. 하지만 이것은 오직 그를 통해서만 중재되기 때문에, 그는 이것을 추구하는 모든 사람들에게 목표와 주도적인 능력이 된다는 의미에서 본질적 의미를 획득한다.

블로흐는 창설자가 종교적 비밀 안으로 자신을 "점점 더 많이" 투신하는 일에 관하여 종교사적으로 말한다. 종교발전에 대한 이해는 물론 작위적(作爲的)인 것이다. 자기 자신을 '절대 종교'로 이해한 그런 종교로부터 볼 때, 이런 이해는 작위적인 것이다. 블로흐는 헤겔의 이런 주장을 수용한다. 비록 그가—헤겔과 같이—그리스도교를 "절대 종교"라고 천명하진 않지만, 그는 그 자체로서 '교사의 완성'에 관해 묻는다. 이것은 그 자체로서 종교사의 지양(止揚)을 의미한다. 종교사의 완성을 향한 이러한 열망은 전형적으로 '메시야적'이다. 이러한 열망은 자신의 종교적 경험을 절대화하고 다른 모든 경험들을 상대화하는 일로 인도하기도 하지만, 역사의 완성 불가능성을 경험하고 자신의 경험을 상대화하는 일로 인도하기도 한다.

이러한 양면성은 블로흐의 설명에서 잘 알 수 있다. 그는 저 '종교적 비밀 안으로의 자기투신'이 모세에게서 처음으로 일어났고, 예수에게서 '완성된' 것으로 본다. 모세는 시내산의 종교

행위를 통하여 이 산의 하나님을 그의 백성의 '엑소더스의 빛'으로 만들었다. '우리 위의 하나님'이 변하여 '우리 앞의 하나님'이 되었다. 높은 하늘의 주님이 변하여 장차 이 땅 위에 세워질 그의 영광의 나라가 된다.

예수는 그의 희생을 통하여 '인간의 재판관'인 초월을 돌파하고, 이를 하나님의 나라로 유토피아화한다.[4] 이로써 블로흐는 아직도 헤겔의 궤도 안에 머물러 있다. 하지만 그에게서는 인간의 신의식(神意識)의 역사(歷史)가 곧장 하나님의 자기의식(自己意識)의 역사로 간주되지 않고, 인간의 신의식의 역사가 메시야적인 '전체성 안의 희망'을 궁극적으로 밝히는 것을 목표로 삼는다는 점에서, 그는 헤겔과 다르다.

블로흐에 따르면, 포이어바하와 함께 하나의 새로운 "종교의 인간론"은 그 만기(滿期)에 접어들었다. 하지만 헤겔과 포이어바하를 넘어서서 블로흐는 하나의 새로운 '종교의 종말론'[5]을 요구한다. 블로흐는 포이어바하와 함께 '인간 때문에' 종교적 상징을 탈신화(脫神話化)한다. 하지만 블로흐는 포이어바하에 맞서서 종교적 상징을 현존하는 인간에게로 가져가지 않는다. 오히려 블로흐는 현존하는 인간이 참으로 중요시하는 것, 그가

---

4) E. Bloch, *Das Prinzip Hoffnung*, 1959, p. 1402.
5) 앞의 책, p. 1416.

그의 실존의 무한한 핵심에서 갈망하는 것, 순간의 어두움 속에서 살아가는 그를 비추는 것, 즉 그의 진정한 미래로 종교적 상징을 가져간다. 블로흐가 종교를 탈신화화하는 것은 단지 '인간 때문'만은 아니고 '하나님 때문'이기도 하다. 이 양자의 결합 안에서 종교의 이 탈신화화는 하나님과 인간이 원래 원하는 것 때문에 이루어지는 하나의 종말론적 탈신화화이다. 즉 이것은 하나님과 인간의 영광 안의 사귐이고, 유대교적 카발라 신학에 따르면 열째 세피로트(Sephiroth)의 계시, 카보드(kabod), 독사(doxa), 즉 하나님의 영광이다. 그러므로 '하나님'이라는 말로써 메시야적으로 신앙하고 있는 것은 '인간'이라는 말로써 원하는 것과 '자연'이라는 말로써 의도하는 것과 꼭 마찬가지로 제거되지 않는다. 이것은 희망 안에서 보존되고 공개된다.

그리스도교 안에서 '인간적-종말론적이고 그런 점에서 폭발력을 지닌 메시야 사상이 나온'[6] 이상, 또 그런 한에서, "희망이 있는 곳에 종교가 있다"는 블로흐의 기본 명제는 그리스도교를 "종교의 본질"로 이해한 그의 생각으로 인도한다. 이와 마찬가지로 무신론과 그의 종교비판이 의도하는 것이 바로 똑같은 내용, 즉 인간적-종말론적이고 그런 점에서 폭발력을 지닌 메시야 사상인 이상, 또 그런 한에서, "희망이 있는 곳에 무신론이

---

6) 앞의 책, p. 1404.

있다"는 반대명제도 역시 타당하다. 이것은 블로흐의 '상속받은 종교', 그의 '메타(超)-종교'의 양면성이다. 왜냐하면 이 '상속받은 종교'는 죽었다고 선언되는 것을 상속받는 것을 의미할 수 있고, 이러한 관점에서 비종교적일 수 있기 때문이다.

하지만 이것은 또한 종교에 의해 단지 약속되기만 한 것의 성취를 의미할 수 있고, 그런 점에서 종교 이상의 것일 수도 있다. 그러기에 블로흐는 한 곳에서 이 미래를 일컬어 '종교가 없는' 것이라고 하고, 두 페이지 앞에서는 "단순히 종교가 아닌 것은 아니다"[7]라고 한다. 이 이중적 의미는 메시야적 완성의 열정을 나타내는 하나의 전형적인 표시이다. 즉 이 열정은 한 숨에 끝장내고(be-enden) 그리고 완성해야(voll-enden) 한다. 따라서 만약 블로흐의 무신론이 철저하려면, 그리고 대리적 만족으로 도피하지 않으려면, '하나님'에 맞서서 '하나님'을 옹호해야 하고, 우상숭배인 하나님의 형상들, 이름들과 개념들에 맞서서 아직은 알 수 없는 영광 중의 하나님의 출현을 옹호해야 한다.

2. 메시야적 희망과 구체적 유토피아

모든 것은 오로지 생활 속에서만 반복하고,

---

7) 앞의 책, p. 1416, 1414.

영원히 노쇠하지 않는 것은 오로지 환상뿐이다.
예전에 전혀 일어나지 않았던 것,
그것만이 오로지 결코 노쇠하지 않는다(Fr. Schiller).

블로흐의 메시야적 희망은 무엇을 지향하는가? 그가 사용하는 목표의 표상(表象)은 변동적이고, 유동적이며, 가변적이고, 불분명하다. '전체성', '폭발적인 완성', '가장 완전한 존재'(*ens perfectissimus*), '동일성의 고향', '존재 속의 아늑함', '자연의 변모'(變貌)가 언급되고, '하나님의 나라'도 늘 거듭 언급된다. 그것은 신비적으로 '수정'(水晶)으로 해석되고, 성서적으로 '영광'으로 여겨진다.

'중생'(重生)과 '전적인 타자(他者)로의 도약'은 이 세계, 그 법칙들과 습관들에 반해 이 미래의 조건들이다. 이런 맥락 안에서 블로흐는 즐겨 '가장 제약받지 않는 유토피아', 무제약자의 유토피아에 관해 말한다. 이것은 교차하는 표징들과 신호들 속에서 미리 통고되지만, 아직은 아무에게도 알려져 있지 않다. 이것은 '순간에 경험되는 어두움' 속에서 신비적으로 경험되지만, 아직 갱신되지 않은 세계 안에서는 보여질 수 없고 파악될 수 없다.

이러한 전체성의 메시야 사상, 영광 혹은 동일성의 나라를 블로흐는 "땅과 하늘의 소금"이라고 생각한다.[8] 그러한 미래를 역사 안에서 선포하는 메시야 사상은, '모든 피조물의 극복되지 못한 허약성(虛弱性)'과 '자연환경의 극복되지 못한 비매개성(非媒介性)'에 돋친 가시를 항상 날카롭게 함으로써, 가능한 모든 사회 중에서 가장 나은 사회를 통해서도 성취될 수 없다는 사실을 알려야 한다. 잘 알다시피 블로흐는 행운의 사회주의적인 유토피아, 민주주의적인 사회주의를 통한 그 실현, 인간의 존엄성을 보장하는 정의의 유토피아, 인권과 민주주의를 통한 그 정치적 실현을 특별히 묘사했다. 그러나 그는 이것들을 '유토피아의 전체성'으로부터 취해온, 그리고—따로 떼어져 고찰되고, 고루하게 편협화되는 곳에서는 항상—그것으로부터 떨어져나간 부분적 유토피아로 여긴다. 만약 '유토피아의 전체성'이 없다면, 이것들은 그 맥락과 그 최상의 의도를 상실한다. 즉 '유토피아의 전체성'에서는 하나의 절대성이 선취된다.

이 절대성 안에서는 사회적인 모순들이 아닌 다른 모순들도 폐기되며, 지금까지의 모든 맥락 이해도 달라진다.

블로흐는 메시야적 유토피아나 심지어는 종교적 희망의 상징들까지도 세계 내재적인, 사회적이거나 정치적인 실제적 유토피아로 환원하지 않고, 오히려 거꾸로 이러한 구체적인 부분적 유토피아를 '유토피아의 전체성' 안으로 통합하려고 한다. 이런

---

8) 앞의 책, p. 1415.

점에서 그는 여전히 종교적이었다. 두려움 때문이든 희망 때문이든, '계급 없는 사회'에서 종교가 매장될 것이라고 가정했던 자는 "자연법과 인간의 존엄성"에 관한 저서의 결론에 실망하게 될 것이다.

> 더 이상 적대주의적이지 않는 사회는 모든 세상적 재주를 손에 꼭 붙잡을 것이다. 이 사회는 경제적-정치적 무상황성(無狀況性), 무숙명성(無宿命性)을 설정한다. 그렇지만 바로 그렇기 때문에 죽음의 문턱에서부터 지겨움과 권태의 노쇠(老衰)에 이르기까지 존재의 무가치성이 더욱 더 확연하게 나타난다. 무(無)로부터 온 사자(使者)들은 계급사회로부터 나오는 그 단순한 가치들을 상실하였고, 아직은 널리 표상할 수 없는 하나의 새로운 얼굴을 가진다. 그렇지만 그들 안에서 깨어진 목표도 역시 새롭게 파고든다.[9]

그래서 '계급 없는 사회'를 향한 블로흐의 유토피아적 전망은 '앞을 향한 온갖 꿈과 우리의 곤궁한 파편적 삶의 역결합(逆結合)'으로서의 새로운 종교의 환상, 우정과 투철한 것과 형제 사랑과 어려운 것을 진지하게 여기는 새로운 교회의 환상, 이웃과 연대하는 보편성과 아침을 향한 개방성의 환상과 함께 끝난

---

9) E. Bloch, *Naturrecht und menschliche Wurde,* Frankfurt 1963, p. 310f.

다.

그리하여 교회는 대낮까지만이 아니라 대낮이 지나서도 살 수 있게 된다. 이 교회는 실로 미신이 없는 그리고 계속 전진하는 교회이다.

다시금 두려움 때문이든 희망 때문이든, 블로흐가 분명히 나사렛 예수를 사회의 반역자나 정치적 혁명가로 정형화한다고 가정했던 자도 역시 적지 않게 실망하게 될 것이다. 실로 예수의 설교에서 메시야적인 하나님의 나라 사상은 갈릴리의 수고하고 무거운 짐을 진 자들, 억눌리고 멸시받는 자들 가운데서 사회운동으로서 영향을 떨치기 시작했다. 왜냐하면 그것은 그들에게 충격, 가치의식과 희망을 가져다주었기 때문이다. 그러나 그가 의도한 내용과 범위를 보면, 그것은 특정한 사회적 유토피아와 결코 일치하지 않는다. 가난한 자들을 위한 해방의 복음은 이 초라한 자들 가운데서 역사적으로 나타난 필연적인 형태로서, 요한계시록이 선포하듯이, 그 자체 상 아직 나타나지 않은 것, 땅과 하늘의 모든 체제를 무너뜨릴 것, 즉 하나님의 나라를 미리 취한다.

눈으로 보지 못하고 귀로도 듣지 못하고 … (고전 2:9).[10]

---

10) Bloch, *Das Prinzip Hoffnung,* p. 1493f.

메시야 사상의 무제약적이고도 전적인 희망의 내용은 하나님과 또 하나님 나라의 상징들 안에서 공포된다. 그것은 새롭고 실제적인 사회적 유토피아와 정의의 유토피아를 항상 자극하며, 정의를 위한 민중의 해방운동과 투쟁을 부추긴다. 그러나 그 자신은 그것을 넘어가며, 이를 관통하면서 인간들을 계속 전진시킨다. 이로써 여기에 구체적인 유토피아와 또 유토피아보다 더 큰 것이 존재한다. 여기에 실제적인 혁명과 또 혁명보다 더 큰 것이 존재한다. 혁명적 충격 안에서 이루어지는 신적인 실체(Gotthypostase)의 혁명에도 불구하고, 실로 그 어떤 혁명 속에서도 사라지지 않기에 혁명을 다시금 전복시킬 바로 이러한 혁명 때문에, 메시야적 희망의 잉여(剩餘)가 생겨나게 된다. 메시야 사상은 실제적 유토피아의 생산을 통하여, 그리고 주관적, 객관적으로 가능한 것과의 중재를 통하여 구체화된다. 그것은 그 자신의 내재성을 항상 초월한다. 그것은 항상 그 자신의 성취를 계속적인 미완(未完: Noch-nicht)의 유동성 안으로 이끈다.

3. 메시야적 희망과 무신론

"무신론이 없다면, 메시야 사상의 자리는 없다"고 블로흐의 테제가 말한다.[11] 그런데 여기서 '무신론'이란 무엇을 뜻하는가?

---

11) 앞의 책, p. 1413.

"하나님의 존재, 실로 스스로 존재하는 자로서의 하나님은 모두가 미신이다"라는 글을 우리는 읽을 수 있다. 만약 종교가 희망이 아니라면, 만약 그 상징들이 저 '무제약적인 유토피아'의 상징들이 아니고 희망의 운동으로 이끌지 않는다면, 종교 그 자체는 미신이다. 블로흐의 무신론은 '하나님', 즉 스스로 존재하는 독자적 '존재'로 실체화된 전체성의 상징에 대해 결연히 저항한다. 만약 하나님이 절대적인 자로 생각되고 영원한 자로 경배된다면, 희망은 마비된다. 따라서 세계의 창조자와 세계의 통치자, 하늘의 권능과 왕적인 권세의 표상은 희망의 심판 아래 처하게 된다.

> 하나님은 하나님의 나라가 되고, 하나님의 나라는 더 이상 하나님을 포함하지 않는다. 즉 이러한 종교적 타율성과 그 사물화된 실체는 교회의 신학 안에서 완전히 해체된다. 그러나 이것이 해체되는 것은 신학이 지금까지의 피조물, 그 인간학과 사회학의 문지방을 스스로 뛰어넘어 등장할 때이다.[12]

더 큰 희망을 위한 블로흐의 무신론은 적어도 세 가지의 동기를 갖고 있다.

---

12) 앞의 책, p. 1408.

1. 첫 근거는 땅의 미래를 발견하기 위하여 하늘을 땅으로 가져오는 메시야적 희망이다. 블로흐의 무신론은 결코 환원적 무신론(Reduk-tionsatheismus), '거짓 계몽'이 아니다. 그리고 그것은 범상성(凡常性)에 제한되는 것도 전혀 아니다. 또 포이어바하와의 유사성에도 불구하고 그의 관심사는 단지 환원적 무신론을 미래화하려는 것만도 아니다. 맑스가 쓴 저서의 절정(絶頂)에서도 그러하듯이, 블로흐가 중요하게 여기는 것도 오로지 종교에 대한 기능적 비판일 뿐이지 종교의 본질에 대한 비판이 아니며, 그렇기에 그는 또한 하나님 신앙을 메시야 사상의 의미 안에서 기능적으로 재해석하는 것만을 중요하게 여긴다. 만약 하나님 신앙이 미신적인 결과를 낳는다면, 그것은 미신이 되는 셈이다. 만약 하나님 신앙이 자유를 박탈하는 결과를 낳는다면, 만약 그 신앙이 경험들을 종교적으로 고정시키고 그래서 미래를 향한 메시야적 초월을 방해한다면, 그것은 인간을 소외시키는 결과를 낳는다.

그러나 경험, 실천과 분석을 통하여 하나님 신앙이 해방하고 자극하고 동기를 주면서 현실적인 비참을 실제로 극복하는 결과를 낳는다는 사실이 드러나면, 이러한 기능적 비판은 사라진다. 하나님 신앙의 실천에 대한 비판은 실천에 의해서 반박된다. 이것은 맑스와 블로흐의 기능적 종교비판의 동일한 차원이다.

2. 이러한 차원의 배후에는 다른 하나의 차원이 드러난다. 그

것은 모세의 형상금지의 동기이다. 바알화된 야훼종교에서 구약성서의 예언자들은 형상금지를 통하여 야훼와 바알 사이의 경계선을 날카롭게 그었다. 그리스도교가 지배하던 세계의 정치적 종교들 가운데서 십자가의 신학과 십자가를 뒤따르는 삶은 이와 같이 그리스도교 신앙의 우상화를 비판했다. 블로흐의 무신론은 유대교에서 하나님의 이름을 부르고 하나님의 존재를 표상화하는 것을 철저히 금지한 모세의 형상금지의 인상 아래 있다. 종교적 경험으로부터 종교적 표상들이 만들어진다면, 이 표상들은 이 경험을 확정적으로 기술해서는 안된다. 만약 그렇지 않는다면, 이 표상들은 경험을 고정시키게 될 것이고, 그리하여 새로운 경험으로 나아가는 길을 차단시키게 될 것이다. 그러나 경험은 상징이기 때문에 계속해서 다른 경험으로 초대할 수 있다. 그렇기 때문에 경험이 자신을 개방시키고 초월의 운동으로 초대하려고 한다면, 늘 열려 있고 유동적이어야 한다.

기원의 신화는 사람들을 언제나 다시금 동일한 기원으로 데려간다. 이것은 전체의 회복(*restitutio in integrum*)을 형상화한다. 종말론적인 표지들은 사람들을 항상 동일한 것으로부터 탈출케 하고, 새로운 삶의 경험으로 초대한다. 그렇기 때문에 그것들은 변화의 표지들로서 그 자체로서 변화될 수 있는 표지들이다. 블로흐의 상징론에서는 '새로운 삶'(*incipit vita nova*)을 나타내는 상징들에 대한 편애가 드러난다. 그가 종교적 상징들을 종말화하기 위하여 탈신화화하는 것은 유대교의 메시야적 전통 안에 근거한다. 메시야의 시대가 도래하면, 억압하는 신들과 마귀들은 세상에서 사라진다. 땅은 인간적인 것이 되고, 살 만한 것이 된다. 메시야의 시대가 온 누리에 형상금지를 실현할 것이라는 것은 메시야 사상의 이념이다. 메시야 시대는 세계를 너무나 변화시키기 때문에, 인간의 이성이 형상들 안에서 중첩되고 소외된 세계를 버릴 수 있게 되고, 그리하여 이 세계 안에서 고향을 느낄 수 있게 된다.

3. 그리고 이러한 형상금지의 차원 배후에는 세 번째의 메시야적 차원이 드러난다. 카발라 신학의 전통에 따르면, 메시야적 세계는 비유가 없는 세계가 될 것이다. 이 세계에서는 비유와 비유의 대상이 더 이상 서로 관련될 필요 없다. 왜냐하면 거기서는 더 이상 모방할 필요가 없고 더 이상 모방할 능력도 없는 한 존재가 등장하기 때문이다.[13] 그렇게 되면 하나님과 창조, 신앙과 경험, 의식과 존재의 거리는 사라진다. 바울의 종말론도 이러한 환상을 포함하고 있지 않는가? 모든 권세들이 멸절되고 죽음이 멸망당하면, 그 때에는 "하나님이 만유 안에서 만유가 될"(고전 15:2) 것이다. 하나님이 '만유 안에서 만유'가 되면, 그 때에는 상징들, 비유들, 표상들과 실체들을 통하여 연결되어야만

---

13) Gershom Scholem, *Judaica I,* Frankfurt 1963, p. 72f.

했던 하나님과 세계 간의 존재론적인 거리는 사라진다. 모든 것 안에 거하고 모든 것을 관통하는 하나님의 영광 안에서 이 세계에 대한 하나님의 이질성(異質性)과 인간의 하나님 소외는 끝장난다. 그러므로 거기서는 역사 안에서 하나님의 이질성과 인간의 소외에 참여하는 다른 사람들의 상징들과 비유들도 끝장난다. 왜냐하면 그것들은 역사적으로 저 고향을 가리키기 때문이다. 포로가 된 하나님의 백성에게 그것들은 "이방에서 부르는 주님의 노래"(시 137:4)이다. "만유 안에서 만유가 되는 하나님"은 더 이상 모방할 능력이 없고, 모방할 필요도 없다. 왜냐하면 그는 다른 어떤 것에 의해서도 대변될 필요가 없고, 그 어떤 것으로도 매개될 필요가 없기 때문이다. 이 환상은 비유들과 상징들, 표지들과 암호들을 무용하게 만드는 하나님의 가까움이다.

이 점은 신학적 개념들에도 적용된다. 이스라엘의 역사 속에서 '하나님'이라고 불리는 것은 역사적인 엑소더스 경험에 근거해 있고, 만물에 충만한 영광을 미리 지시하지만, 아직은 이스라엘이 탈출해 나온 이질성과 노예생활에 참여하고 있다. 영광 자체는—유대교의 카발라 신학에 따르면—지금까지는 그 원천에서 나오지 못한 빛 안에서 빛난다. 아무도 보거나 듣지 못한 그것은 하나님의 나라 안에서 세계를 변화시키고 변모시킬 것이다. 역사 안에서 필연적으로 소원(疎遠)해진 하나님 표상들과 관련시킬 때, 하나님의 나라는 '무신론적인' 것이 될 것이다. 그러므로 역사적으로 조건지어지는 저 하나님 표상들은 메시야적으로 해석되어야 한다. 다시 말하면, 하나님의 임재 안에서 그러한 표상들은 무용하게 될 것으로 해석되어야 한다. 블로흐의 진술들이 이중적이고 모순에 차 있는 것처럼 보이는 바로 이 부분에서 그는 여전히 메시야적이다.

> 하나님은 하나님의 나라가 되고, 하나님의 나라는 더 이상 하나님을 내포하지 않는다.

우리가 이 테제를 무관심하게 보지 않으려고 한다면, '하나님'이라는 단어를 모순되게 사용한다는 점에서 이것은 대단히 양면적이다. 만약 이것이 단순한 환원(還元)을 의미하는 것이라면, 나라는 더 이상 '하나님의 나라'라고 불릴 수 없을 것이다. 이 문장을 메시야적으로 해석하는 것이 옳다면, '하나님'은 세계 밖에서 그 스스로 존재하는 자로서 세계 안에 머무는 영광이 될 것이다. 그렇게 되면, '하나님의 나라'는 세계로부터 분리되고 세계 밖에서 스스로 존재하는 '하나님'을 실제로 더 이상 내포하지 않게 되는 셈이다. 다음과 같은 문장도 역시 이러한 양면성을 갖는다.

> 이러한 종교적 타율성(他律性)과 사물화되지 않은 그 실체는 교회의 신학에서 완전히 해소된다.

이것은 인간의 자율성으로 해소되지 않고, '교회의 신학'으로 해소된다. 그렇다면 '지금까지 존재한 피조물의 문지방'을 넘어선다고 말하는 그 다음의 문장이 가리키듯이, 그리고 헤겔과 유사한 내용에서 추측하건대, 이것은 '우리 안의 하나님'인 성령의 능력 안에서 하나님이 그의 백성 안에 내주(內住)한다는 것을 의미할 따름이다. 영의 임재 안에서 그리고 하나님의 나라의 임재 안에서 종교적 타율성과 사물화된 실체는 실제로 해소된다. "엑소더스의 하나님이 나라의 하나님으로 완성되고, 야훼가 이 영광 안으로 해소된다"는 문장도 역시 내 생각으로는 메시야적으로 이해되어야 한다. 엑소더스의 하나님은 자기 자신을 나라의 하나님으로 완성시킨다. 그렇다면 이 완성은 역사적으로 계시되고 역사적으로 조건지어진 야훼의 형태가 영광의 형태로 '해소되는 것'이다. 예언자들의 환상에 따르면, 그 영광은 '온 땅에 충만하다'(사 6:3).

III. 메시야 사상의 대가(對價)

게르숌 숄렘은 '유대교의 메시야 이념'에 관한 그의 논문 끝부분에서 유대 민족이 세계에 선사한 이 이념 때문에 치러야 했고 지금도 여전히 치르고 있는 대가를 언급했다. 메시야 이념의 강점은 유대인의 유랑생활(디아스포라)이라는 약점을 수반한다. 유대인은 메시야적인 귀향을 꿈꾸었기 때문에, 유배생활 중에서도 역사에 집착할 마음을 갖지 못했다. 이방인들 가운데서 흩어져 살았던 유대 민족은 메시야적 희망 때문에 생존을 지탱할 수 있었다. 해가 바뀔 때마다 유대인은 "내년에는 예루살렘으로"라는 희망 속에서 살았다. 바로 그렇기 때문에 유대인은 현재에 마음을 다 뺏겨 살 수 없었다. 메시야 이념은 잠정적인 것과 임시적인 것이라는 약점을 갖고 있다. 잠정적인 것과 임시적인 것은 자신을 내어 주지 않고 보존하며, 살려고 하지 않기 때문에 죽을 수도 없다.

> 희망 속에서 산다는 것은 위대한 것이다. 그러나 그것은 또한 매우 비현실적인 것이기도 하다.[14]

유대교에서 메시야 이념은 그 어떤 것도 궁극적으로 행할 수 없고 성취할 수 없는 '유예된 삶'을 강요했다. 유대인이 구체적인 것에 어쩔 수 없이 집착하는 마음을 갖게 된 것은 아우슈비츠를 벗어나 시온으로 귀향한 후였다. 물론 이 귀향은 시오니즘(Zionism)이라는 메시야적인 색깔을 띠고 있었지만, 일종의 종교적인 초역사(超歷史: Metageschichte)에 빠질 순 없었다. 블로흐의 철학적 메시야 사상도 역시 세계를 유동적인 것으로 이끌고 간다.

---

14) 앞의 책, p. 73.

주어진 종교적 유산의 정수(精髓), 즉 이 종교의 전체적 희망의 회상(回想)이 되겠다는 그러한 깨달음-양심(Wissen-Gewissen)은 동시에 세계를 굉장히 유동적으로 이해하며, 세계가 희망이 믿는 그 굉장한 것을 향해 나아간다고 이해한다. 이 희망은 '세계는 좋은 거야'라고 믿는 능동적인 희망을 부추긴다.[15]

메시야 이념에 의해 세계와 세계경험이 이끌려 들어가는 이러한 유동상태를 표현하기 위해 블로흐는 '열려 있는 세계과정', '과정적 질료'와 '지구의 실험세계'의 상징들을 풍부하게 섞어 가며 사용한다.

이것은 한 편으로는 우리에게 용기를 준다. 그 어떤 것도 궁극적이지 않다. 모든 것은 열려 있다. '아직 일루(縷)의 희망은 있다.' 희망은 실망할 수 있다. 만약 그렇지 않다고 한다면, 그것은 희망일 수가 없을 것이다. 오직 희망만이 실망할 수 있다. 그렇지만 그것은 그 어떤 실망에 의해서도 파괴될 수 없다. 왜냐하면 아직은 그 어떤 것도 궁극적이지 않기 때문이다.

여기에는 게르숌 숄렘이 언급한 약점도 있다. 그 어떤 것도 궁극적으로 행해지지 않으며, 모든 것은 잠정적인 것으로 남아 있다. '유동성' 안에서 사는 삶, 더욱이 '굉장한 것'에 대한 희

---

15) Bloch, *Das Prinzip Hoffnung*, p. 1409.

망의 '굉장한 유동성' 안에서 사는 삶은 오직 '늘 유예된 삶'일 수밖에 없다. 모든 발언은 개방적이고, 모든 사상은 유동적이며, 모든 행위는 취소가능하다. 모든 것은 모름지기 '실험'일 뿐이다. 실존의 핵심은 포기되지도 않고 드러나지도 않는다. 왜냐하면 그것은 더 나은 미래를 위하여 자신을 보존하고 억제하기 때문이다. 하지만 희망하기 때문에 항상 잠정적인 이러한 메시야적 생활와 사고 안에는 궁극적인 것, 구체적인 것에 대한 망설임 없는 투신, 무조건적인 것에 대한 쉼없는 헌신은 어디서 그리고 무엇을 통하여 이루어지는가? 비록 우리가 희망 안에서 사는 메시야적인 삶을 유예된 삶이라고 부정적으로만 평가하지 않고 선취된 삶이라고 긍정적으로도 평가하고, 잠정적인 것의 역동성 안에서 사는 삶을 늘 '아직은 현실이 아닌 것'을 통해서만이 아니라 '지금 벌써 가능한 것'을 통해서도 규정한다고 하더라도, 이러한 질문은 '희망의 원리'의 이론과 실천에 대한 비판으로서 여전히 남아 있다.

유대교적 전통에 따르면, 메시야 시대는 옛 세계의 죽음의 고통과 새 세계의 탄생의 고통과 더불어 시작된다. 그리스도교적으로 보자면, 이 시대는 그리스도의 수난과 부활과 더불어 만인을 위해 대리하는 이 한 분에게서 이미 시작되었다. 탄식하는 피조물에게 메시야 시대를 열어 주고 소외된 인간에게 메시야적인 삶을 열어 주는 것은 하나님의 초월적인 비밀 안으로 자신을 던져 넣은 예수의 투신이 아니라 '십자가에서 죽기까지' 이 세계의 내적인 비밀 안으로 자신을 던진 그의 투신이다. 그렇기 때문에 이 희망은 오로지 구체적인 것에 대한 온전한 자기투신을 통해서만 실천된다. 이 투신은 유동상태도 아니고, 열려 있는 과정도 아니고, 단순한 실험적 생활 태도도 아니다.

오히려 이것은 메시야의 십자가와 부활의 빛 안에서 살고 죽는 역설이다. 그렇다면 이 현실 안에서의 사랑의 성육신이라는 역설적인 반대운동이 없다면, 미래에 대한 희망 안에서의 현실의 초월도 없으며, 생명의 희생이 없다면, 새로운 지평으로의 전진도 없다. 성육신 운동 안에서 하나님의 나라는 단지 희망의 대상만이 되는 게 아니라, 역설적으로 여기서 이미 체험된다. 십자가에 달린 분과의 사귐 안에서 희망하며 사는 참된 생활은 "죽은 자 같으나 살아 있는"(고후 6:9) 삶으로 밖에는 드러나지 않을 것이다. 이러한 현실성의 역설이 없다면, 가능성의 변증법은 오로지 하나의 가능한 변증법으로만 머물고 만다.

내가 이렇게 말하는 것은 블로흐의 희망의 철학을 신학적으로 비판하고자 함이 아니다. 내가 이렇게 말하는 것은 특히 1985년의 변화된 세계 상황 안에서, 철학적 근거를 갖든 신학적 근거를 갖든, 희망 자체를 바라보기 때문이다. 60년대 초반인 그 당시에 우리에게 확신을 주고 우리를 열광시켰던 것은 행동 속의 희망, 능동적이고 전투적인 희망이었다. 승리에 이르기 위하여 이 희망은 무한한 가능성의 영역에서 세계과정의 우호적 경향들과 동맹할 수 있었다. 오늘날 우리에게 거역할 수 없이 분명해진 점은 우리가 마지막 시대(귄터 안더스)에, 다시 말하면, 핵으로 인한 인류의 멸망이 언제나 가능한 시대에, 얼마 남지 않은 시대에 대량참상과 아사(餓死)가 제3세계 국가의 국민들을 덮친 시대에 살고 있고, 또 살아야 한다는 사실이다. 우리의 가능성은 객관적으로는 더 제한되고, 주관적으로는 더 분명해졌다. 즉 '마지막이 가까왔다.' 그러나 이것은 행동 속의 희망이 저항 속의 희망으로 변한다는 것과 다름이 없다. 실로 넓은 가능성 영역은 좁은 위험 영역 안의 변증법적인 희망이 되어야 한다. 실로 변증법적인 가능성의 희망은 역설적인 "희망에 맞선 희망"이 되어야 한다. 오늘날 진정하고도 인간적이며 신적인 희망은 단지 "그것은 가능하다"고만 말하지 않고, 제일 먼저 다음과 같이 말한다.

tamen! (그럼에도 불구하고)!

《삼위일체와 하나님의 역사》, 위르겐 몰트만, 이신건 옮김, (대한기독교서회, 1998), pp. 285-307.

역자 소개　이신건

서울신학대학, 연세연합신학대학원, 튀빙겐 대학(Dr.Theol)
서울신대 교수, 장로회신대, 서울장신대, 협성신대, 성공회대 등 출강
현: 성결신학연구소장, 현풍제일교회 담임목사

지은 책
칼 바르트의 교회론(성광문화사 / 한들 출판사)
하나님의 나라와 이데올로기(성광문화사)
하나님 나라의 윤리(도서출판 예안)
조직신학입문(한국신학연구소)
평신도 눈높이 신학(예영 커뮤니케이션)
창가에 앉아 있는 청년: 청년 설교집(예솔)
하나님 나라의 지평 안에 있는 신학과 교회(한국신학연구소)
어린이 신학(한들출판사)
온전한 영성: 어린이 신학과 영성 신학의 만남(성결신학연구소)

옮긴 책
교의학(펠만, 한국신학연구소)
교회(후버, 한국신학연구소)
칼 바르트의 정치신학(단네만, 한국신학연구소)
고대교회와 동방교회(콧체 외, 한국신학연구소)
나는 어떻게 변하였는가?(몰트만 외, 한들출판사)
오늘 우리에게 그리스도는 누구신가?(몰트만, 대한기독교서회)
삼위일체와 하나님의 역사(몰트만, 대한기독교서회)
생명의 샘: 성령과 생명신학(몰트만, 대한기독교서회)
희망의 신학(몰트만, 대한기독교서회)

엮은 책
성결교회 신학의 역사와 특징(성결신학연구소)
이성봉 목사의 예화(성결신학연구소)

희망은 어디서 오는가

지은이   위르겐 몰트만
옮긴이   이신건
펴낸이   정덕주

펴낸 곳   한들출판사
         서울시 종로구 연지동 136-46 기독교회관 710호
         등록 제2-1470호 1992.
E-Mail: book@ehandl.com
홈페이지: www. ehandl.com
전화: 편집부 741-4068~69
         영업부 741-4070 FAX 741-4066

2004년 5월 27일 초판 1쇄 인쇄
2004년 5월 31일 초판 1쇄 발행

ISBN 89-8349-263-5 93230

* 잘못된 책은 바꿔 드립니다.